海龟交易法则

[美] 柯蒂斯·费思（Curtis M. Faith） 著 乔江涛 译

WAY OF THE TURTLE

THE SECRET METHODS THAT TURNED ORDINARY PEOPLE INTO LEGENDARY TRADERS

U0814048

中信出版集团 | 北京

图书在版编目（CIP）数据

海龟交易法则 /（美）柯蒂斯 · 费思著；乔江涛译
. -- 4 版 . -- 北京：中信出版社，2021.11（2025.12重印）
书名原文：Way of the Turtle：The Secret
Methods that Turned Ordinary People into Legendary
Traders
ISBN 978-7-5217-3523-9

Ⅰ . ①海… Ⅱ . ①柯… ②乔… Ⅲ . ①股票交易－基
本知识 Ⅳ . ① F830.91

中国版本图书馆 CIP 数据核字（2021）第 181751 号

Curtis M. Faith
Way of the Turtle: The Secret Methods that Turned Ordinary People into Legendary Traders
ISBN 0-07-148664-X
Copyright © 2007 by McGraw-Hill Education.
All Rights reserved. No part of this publication may be reproduced or transmitted in any form or by any means, electronic or mechanical, including without limitation photocopying, recording, taping, or any database, information or retrieval system, without the prior written permission of the publisher.
This authorized Chinese translation edition is jointly published by McGraw-Hill Education and CITIC Press Corporation. This edition is authorized for sale in the People's Republic of China only, excluding Hong Kong, Macao SAR and Taiwan.
Translationg Copyright © 2021 by The McGraw-Hill Education and CITIC Press Corporation.
版权所有。未经出版人事先书面许可，对本出版物的任何部分不得以任何方式或途径复制传播，包括但不限于复印、录制、录音，或通过任何数据库、信息或可检索的系统。
本授权中文简体字翻译版由麦格劳－希尔教育出版公司和中信出版社合作出版。
此版本经授权仅限在中华人民共和国境内（不包括香港特别行政区、澳门特别行政区和台湾）销售。
翻译版权 © 2021 由麦格劳－希尔教育出版公司与中信出版社所有。
本书封面贴有 McGraw-Hill Education 公司防伪标签，无标签者不得销售。

海龟交易法则
著者：　［美］柯蒂斯 · 费思
译者：　乔江涛
出版发行：中信出版集团股份有限公司
（北京市朝阳区东三环北路 27 号嘉铭中心　邮编　100020）
承印者：　北京通州皇家印刷厂

开本：787mm×1092mm　1/16　　印张：18　　字数：230 千字
版次：2021 年 11 月第 4 版　　印次：2025 年12月第17次印刷
京权图字：01-2013-1474　　书号：ISBN 978-7-5217-3523-9
定价：79.00 元

版权所有 · 侵权必究
如有印刷、装订问题，本公司负责调换。
服务热线：400-600-8099
投稿邮箱：author@citicpub.com

谨以此书献给

理查德·丹尼斯——海龟奇迹的缔造者

朱丽叶·曼蒂普雷——我的第一盏指路明灯

希望我们有缘再相聚

目录

序

就在刚刚完成我的《通向财务自由之路》第二版的时候，我的编辑请我为麦格劳－希尔推荐一位新作者。第一个在我脑海中闪过的人就是柯蒂斯·费思。柯蒂斯是“海龟派”[1]中最成功的一个。

在最初的培训期结束后，柯蒂斯是唯一一个完全捕捉到当时市场大势的人。据斯坦利·安格里斯特在《华尔街日报》上所说，在理查德·丹尼斯的“海龟计划”期间，柯蒂斯负责最大的一个账户，

1 著名的交易大师理查德·丹尼斯想弄清伟大的交易者是天生如此还是后天培养的，为此，在 1983 年，他招募了 13 个人，教授他们期货交易的基本概念，以及他自己的交易方法和原则，学员们被称为“海龟”。这成为交易史上最著名的实验，因为在随后的 4 年中，海龟们取得了年均复利 80% 的收益。丹尼斯证明了用一套简单的系统和法则，可以使仅有很少交易经验或根本没有交易经验的人成为优秀的交易者。当时，海龟们认为应对理查德·丹尼斯负责，于是商定在他们签订的 10 年保密协议于 1993 年到期后也不泄露这些法则。但是，有个别海龟在网站上出售海龟交易法则谋取钱财。两个原版海龟柯蒂斯·费思（即本书作者）和阿瑟·马多克为了阻止个别海龟对知识产权的侵犯和出售海龟交易法则赚钱的行为，决定在网站上将海龟交易法则公之于众。我们现在看到的海龟交易法则即是由此所得。——编者注

为丹尼斯赚了 3 100 多万美元。而且，与我很相似的是，柯蒂斯在结束他的海龟生涯之后，也选择了一条与众不同的路。由此可见，他更相信他自己，而不是主流世界或华尔街。

要为麦格劳–希尔写一本书，还能有什么人比他更合适？推荐了柯蒂斯之后，我也没再多想这件事，直到有人请我推荐一本叫作《海龟交易法则》的新书。嘿！真巧，这正是柯蒂斯的书。我读了 70 页左右未经编辑的原稿，马上就意识到这本书需要一篇序言，而且我很希望序言由我来写。为什么？因为在我看来，这是有史以来最好的 5 本交易学著作之一，我会建议我所有的客户熟读它。

我差一点儿就成了最早的一批海龟之一，正因为如此，我一直怀着一种特殊的兴趣关注着海龟们的成功故事。1983 年 9 月，我开始从事交易培训的工作。这只算一份兼职工作，因为我仍是一个心理研究学者。但在当时，我把自己看成了一个相当棒的交易教练。我已经发明了一种测试，可以判断一个人的交易能力，并很好地预见一个人能否成功，我把它称为投资心理测试。有很多交易者接受过这个测试，而且都认同我对他们的优势和劣势的评价。

差不多在这个时候，我在一家大型新闻机构的报纸上看到了理查德·丹尼斯刊登的一则全版广告。他打算选择十几个交易者，向这些交易者传授他的方法，然后给每人 100 万美元让他们进行交易。这种诱惑实在难以抗拒，我估计会有数千人报名。所以我想，这对我来说也是个好机会，因为我的投资心理测试可以派上用场了。他们要在数千人之中筛选出十几个人，而我可以帮上忙。于是，我联系了芝加哥 C&D 期货公司的人，给他们送去了一份测试题。戴尔·德鲁特里（C&D 期货公司的业务经理）和理查德·丹尼斯都接受了测试，但也仅此而已。

不过，他们也给我发了一份他们的测试题，这套题共包括 63 个是非题和 11 个小问答题。他们的问题类似以下风格：

是非题：大多数交易者一直是错的（“一直”这个词让这个题变得很难回答）。

问答题：说出你做过的一件有风险的事，以及你为什么做这件事。

我对这个测试很感兴趣，于是给他们送去了我的答案。令我惊讶的是，我因此得到了面试邀请。于是，我前往芝加哥参加了海龟的面试。在那里，我被问了很多问题，像是：“如果市场是随机性的，一个人怎么做交易？”我已经记不清我是怎么回答的了，但如果现在让我回答这个问题，答案或许与当时不太一样。我被告知他们将从 40 个报名者中选出 10 个人，接受理查德 · 丹尼斯和比尔（威廉）· 埃克哈特[1]的培训。这 10 个人将签署一份为期 5 年的合同，但如果表现不佳，合同随时可以终止。

我并没有入选最后 10 个人的名单，我知道为什么。面对那个机会，我的内心其实很矛盾。我之所以参与这件事，只是因为我想帮助 C&D 期货公司测试候选人。我住在南加利福尼亚，实在不想搬到芝加哥待上 5 年。如果我搬到芝加哥，我想我肯定要把我的夫人和儿子留在加利福尼亚，尽管这只是猜测。我也喜欢我当时的工作——做一名交易教练，开创一番新事业。尽管成为一个海龟也许对实现这个目标非常有价值，但我不想放弃我的教练工作。还有，我也不想在那一年的最后两个星期（圣诞节和新年）到芝加哥接受培训。我想我内心的挣扎在面试中表现得太明显，所以我没有被选中。

不过，我也对落选抱有些许遗憾，特别是在我耳闻目睹了海龟们的辉煌成就之后。正因为如此，我一直很想知道海龟们都学到了

1　比尔是威廉的昵称。——编者注

什么。多年来，我经常与他们中的几个人交流，学习他们交易方法的精髓。我还在我的交易系统培训班和我的《期望值和头寸规模指南》（*The Definitive Guide to Expectancy and Position Sizing*）一书中介绍了他们的头寸规模算法的一般形式。我从不认为他们使用的系统有任何特别之处。在我看来，他们的成功完全归功于他们的心理状态和头寸规模法则。海龟们都要遵守 10 年的保密约定，这层神秘的面纱让海龟神话更加令人着迷。大多数人都相信，海龟们一定有某种永远也不会公之于众的神奇秘诀。

我为什么认为本书是历史上最好的 5 本交易学著作之一呢？

首先，它清晰地道出了成功交易的必要条件。柯蒂斯一针见血地指出，重要的不是交易系统，而是交易者贯彻交易系统的能力。柯蒂斯在海龟们最初的培训期赚了 78 000 美元，几乎是其他人所赚的 3 倍多，但他们所学到的方法是完全一致的。包括固定头寸规模法则在内，10 个人学习的都是同样的一套法则，为什么结果却大相径庭？柯蒂斯说，某些海龟以为理查德向其提供了特别信息，但柯蒂斯和我都知道，是交易心理决定了结果的差异。

当我在 20 世纪 60 年代后期学习心理学的时候，心理学的重点在于行为科学。心理学课程旨在得出一套法则，回答这样一个问题：如果你以某种特定方式刺激一个人，这个人会如何反应？在我看来，这种方法纯粹是垃圾，因此当学者们开始研究风险心理学的时候，我非常高兴。那次研究的最终结论是：人类会在决定过程中走很多捷径，正是这一点使人类变成了无效率的决定者。从那时候起，行为经济学就以这次研究为起点发展了起来。

其次，本书的另一个迷人之处在于，它用我所见过的最浅显易懂的语言阐述了行为金融学的某些原理如何应用于交易，如何影响交易。柯蒂斯甚至用大量篇幅讨论了市场的支撑和阻力机制，以及它们为什么会因为我们的决定无效性而存在。这是必读内容。

本书重视赛局理论，而且用赛局理论解释了一个交易者的正确思考方法，这是它的第三个我非常喜欢的特征。例如，它认为交易者应该把精力集中在当年的交易上，忘记过去和未来。为什么？因为历史经验告诉你，你可能在大多数时候都是错的，但你的盈利将远大于你的损失。这意味着期望值为正。柯蒂斯告诉读者，他们必须理解他们交易系统的期望结果，并对这个结果抱有信心。从长期来看，这种信心就是他们的制胜法宝。

其他精彩的主题还包括：

· 海龟们是如何接受训练的，他们究竟学到了什么。

· 海龟们的真正“秘诀”（我已经给出了很多暗示）。

· 系统开发存在的问题，人们为什么会因为不理解抽样理论中的基本统计学原理而在系统开发时犯错误。

· 为什么大多数系统都表现不佳。即使大多数好系统都是因为心理问题而被否定的，表面上看起来很不错的坏系统也不在少数。如果你想知道坏系统为什么看起来不错，如何甄别这种坏系统，你就必须读读这本书。

· 系统性的有效衡量指标。如果你想为自己设计一个有效的长期系统，那么在理解了这一部分内容之后，你已经向前迈进了一大步。

这一切结合柯蒂斯在海龟生涯中的许多故事，再加上他总结毕生心得、把握核心精髓的神奇能力，我们就拥有了这样一本书。对所有的专业交易者，以及所有想把自己的钱投入市场的人来说，这是一本不可不读的书。

海龟计划最初只是理查德·丹尼斯和比尔·埃克哈特之间打的一个赌，他们想看看交易技巧究竟能不能靠后天传授获得。理查德愿意用自己的钱打这个赌，他相信交易技巧可以靠传授获得。在《海龟交易法则》中，柯蒂斯对这次打赌的最终结果给出了自己的看法

（或许与你想的不太一样），但在你思考他的观点的时候，我希望你再考虑一件事：在上千名报名者中，只有40个人得到了面试机会，而40个面试者中只有一小部分被选中。如果把这一点和柯蒂斯对抽样理论的看法结合起来，那么对于一个人是否能后天学会交易技巧这个问题，我相信你会有真正的答案。

范 · 撒普博士

交易教练，范 · 撒普学院总裁

前言

20 多年前，我曾参与一项伟大的实验。时至今日，这项实验已经成了交易者和投资者之间的一个传奇。这项被称为“海龟”的实验源于理查德·丹尼斯和比尔·埃克哈特之间的一个赌局，他们两个是朋友，也都是著名的交易大师。

我将在这本书里讲述那个时候的故事，以及自那以后我所学到的东西。我希望有一天会有另外一个海龟更详细地写下那个时期的点点滴滴。但这本书不是那种书。我那时只有 19 岁，我对其他海龟来说就像一个局外人，所以现在没什么资格回忆我们的共同经历。在那个年龄，我也觉察不到那些发生在那群朝夕相处、为生存而竞争的海龟身上的事情。

我将回顾我作为一个海龟的经历和学习过程。本书将再现整个实验，告诉你我们学了些什么、我们如何交易。本书将详细介绍一些最重量级的交易以及它们的时机把握法则，剖析在市场中收获百万美元利润的要诀。对我来说，本书是交易的故事，也是生活的故事，特别是以一个杰出交易者的方式看待生活，会带给你更多的乐趣和更丰富的体验，遗憾也会少得多。

除了这个问题，各章节还将探讨如下主题：

· **海龟们如何赚钱**：海龟交易法则让我在 4 年的海龟计划中获得了超过 100% 的年均回报率，这种方法的核心是什么？

· **为什么某些海龟比其他海龟赚得多**：有些海龟大获成功，但另外一些却赔了钱，尽管他们掌握着完全相同的交易法则，为什么？

· **如何将海龟交易法则应用在股票和外汇交易中**：如何通过我们所遵循的法则去发现适用于任何交易市场的核心策略？

· **如何将海龟交易法则应用于你自己的交易和生活**？

幸运的一天

在你的一生中，你也许只能经历那么几个里程碑式的时刻。而在我 19 岁那一年，我在同一天竟然经历了两个这样的时刻：平生第一次看到芝加哥期货交易所那座有装饰派艺术风格的大厦，又见到了传奇交易大师理查德·丹尼斯。

芝加哥期货交易所是芝加哥最著名的景观。你在 1.6 公里之外就能看到这座大厦，它坐落在杰克逊西大街 141 号，顶部矗立着一尊孤独的雕像，那是古罗马神话中的谷物女神克瑞斯。这座 45 层高的大楼傲然耸立，被其他摩天大楼环绕，是这个著名交易所再理想不过的办公地点。楼内就是交易大厅，在这里，交易者肩并肩地挤在一起，在一片纷乱的喊叫声和复杂的手势信号中分秒不停地买卖着价值百万美元的谷物、肉食和外汇。这种组织有序却又喧嚣震天的大场面让每天来访的上千名参观者望而生畏，而对交易者来说，这里就是圣地麦加。

当我走进杰克逊西大街 141 号的电梯时，我的手心开始冒汗。我当时只有 19 岁，就要去见理查德·丹尼斯——全世界最著名的期货投资家之一。在海龟实验闻名天下之前，丹尼斯就已经是期货界的大人物了。他被誉为“交易厅王子”，因为他在 30 多岁的时候，就已经把几千美元的初始资金炒至几亿美元。

后来，我才知道能够登上那部电梯是件多么幸运的事。有超过1 000人报名，但只有40人有幸与丹尼斯面谈，只有13人最终被选中，另有10人被选中参加下一年的一个后续计划。

早在唐纳德·特朗普的《飞黄腾达》和其他这类真人秀电视大赛问世之前，丹尼斯就自己导演了一场竞赛。一切都源于他和他的好朋友比尔·埃克哈特（一个与丹尼斯同样成功的伟大交易者）的一场争论——杰出的交易者究竟是天生的还是后天培养的。丹尼斯相信，他几乎可以把任何一个人变为优秀的交易者，埃克哈特则认为优秀的交易者具有一种天赋，无法靠后天培养。丹尼斯愿意用自己的钱来证明自己的话，于是两人打了一个赌。

为此，他们在《华尔街日报》《巴伦周刊》和《纽约时报》上刊登了大幅广告，宣布丹尼斯正在招募培训生，他会把自己的交易方法传授给这些人，然后给每人一个100万美元的交易账户。

那个时候，我并不理解这则广告的意义。刊登了这则广告，继续这场赌博，丹尼斯就相当于做出了一个大胆的声明。他相信他很清楚自己获得成功的原因,因此可以把其他人训练得像他一样出色，即使他们完全是没有任何交易经验的陌生人。他对自己的判断信心十足，因此愿意用自己的数百万美元来证明它。

包括我在内，丹尼斯的培训生大获成功，变成了业界的传奇。从此，他们开始被称作海龟。在四年半的时间内，海龟实现了80%以上的年均收益率。为什么要用海龟这样一个词呢？事实上，这个名字来源于丹尼斯和埃克哈特去过的一个地方：新加坡的一个海龟农场。正是在那里，两人的那场由来已久的争论变得严肃起来。据说，当丹尼斯聚精会神地观察那个海龟农场的时候，他突然脱口而出这样一句话："我们要培养交易者，就像新加坡人养海龟一样。"

于是，我才有机会在19岁的年纪登上那部电梯，手心冒着汗，准备拜见“交易厅王子”。走在长廊中，我本不该对那些办公室的实用主义外观感到惊讶。那里没有气派的大门，没有华丽的大厅，没有任何意在向客户、经纪人或其他任何显贵炫耀的刻意装饰。不愿把钱浪费在浮华的排场上是丹尼斯的一个出了名的特点，所以那种简朴的环境不足为奇。尽管如此，我还是有些意外——每一样东西似乎都比我想象的要小一些。

我找到了那扇挂着“C&D 期货公司”牌子的门，推开门走了进去。

////// ////// //////

丹尼斯的业务主管戴尔·德鲁特里在门口迎接我，告诉我丹尼斯的上一个面试就要结束了。我知道理查德的长相，因为我曾经在几篇文章中看过他的照片，但我对他的个性并不是非常了解，这令我有些忐忑不安。

在准备这次面试的时候，我已经读过了我能找到的所有与理查德有关的东西，所以我对他的个性也算略知一二，但知道得还不够多。我也做过理查德的“40 问测试题”（这是面试程序的一部分），因此我对他重视的因素也有所了解。

理查德办公室的门终于打开了，上一个面试者走了出来，他跟我说了说他的面试情况，然后祝我好运。我猜他表现得一定不错，因为我在几个星期之后的第一堂培训课上见到了他。我走进那间办公室，见到了理查德和他的搭档比尔·埃克哈特——后来我们一直叫他们里奇和比尔，直到现在我还习惯这样称呼他们。里奇是个大个子，和颜悦色、温文尔雅；比尔很瘦，中等身材，他的外表和穿着像是芝加哥大学的一个应用数学系教授。

面试内容与我从 C&D 期货公司收到的书面测试题是吻合的。

里奇感兴趣的是我拥有的市场理论背景，以及我为什么认为市场交易可以赚钱。他们都对我背景中的细节很感兴趣。现在回想起来，我的背景确实有些非同寻常。即使在今天，也没几个 19 岁的人能有我那样的经历，至少是与期货交易方法有关的经历。

在 1983 年的秋天，还没几个人有个人电脑，事实上，个人电脑才刚被发明出来不久。但在之前的两年中，我一直在为苹果公司的二代电脑进行编程，那是我的一份校外兼职工作。我的程序分析的就是我们今天称为“系统”的东西：带有明确法则的股票或期货交易策略，它能根据市场价格的变化来精确地锁定买入和卖出时机。我在那两年中写了三四十个不同的程序，它们可以用历史数据来检验交易系统，测试这些系统应用于不同市场的效果。后来我才意识到，这在 1983 年可以算是一种尖端研究。

最初的一份有趣的课外工作，最后变成了一种狂热的爱好。那时候我为一家叫哈佛投资服务公司的小公司工作，这个公司就在马萨诸塞州哈佛镇一座小房子的厨房里。哈佛镇位于波士顿以西 64 公里，是那种最典型的新英格兰式的小镇：有苹果园、一个小图书馆、一个镇公所，还有一个小镇广场。哈佛投资服务公司只有 3 个人：乔治·阿恩特（那个厨房和那个公司的主人，我们的老板），我的朋友蒂姆·阿诺德，还有我。蒂姆和我负责那些打杂的事。

是乔治让我第一次对交易产生了兴趣。他把私人收藏的《股票作手回忆录》借给了我，埃德温·勒菲弗的这本小说式传记讲的是著名投机家杰西·利弗莫尔的故事。我不知道打动我的究竟是勒菲弗的生花妙笔还是利弗莫尔故事的传奇色彩，总之，在读完这本书后，我着迷了。我立志做一名交易者。我相信我有能力成为一名伟大的交易者，也一定能成为一名伟大的交易者。我把这种信心带到了与里奇和比尔的面谈中，只有一个 19 岁的毛头小子会这样。事实证明，分析交易系统的经验对那次面试和随后的培训课程来说都是一种绝好的准备。我相信，我之所以能比其他培训生更快、更有信心地接受里奇和比尔的方法，为里奇赚到的钱多于其他任何一个海龟，我的背景是一个重要原因。对于他们的方法和系统性的交易概念，我的信心从一开始就强于其他任何海龟。

里奇之所以相信我能成功，也有能力发挥出我在交易领域的潜力，我的这种信心也起到了重要作用。我的背景使我能做到其他海龟做不到的事：严格遵守我们在两个星期的培训课中所学到的简单法则。其他海龟在第一个月中没有一个人能完全遵守这些法则，这听起来有些奇怪，但我稍后会告诉你原因。

////// ////// //////

一开始，我担心没有任何实际的交易经验可能是我的一个劣势。我的系统测试经验或许是个优势，多少能抵消这个劣势，但缺乏实战经验仍然是我的一大顾虑。从里奇和比尔的面试问题中明显可以看出，他们要检验的是我们的智力和推理能力。这并不奇怪，因为面试前的问卷中就有一个问题是关于我们的 SAT[1] 成绩的，还有其他一些问题旨在考察我们的才智水平。真正令我惊讶的是，关于交易行业，他们不光想知道我"相信什么"，对我"不相信什么"同样感兴趣。

当我们谈到某个问题时，我开始相信我将被选中了。我还清楚地记得那一刻。当时我们谈论的是我对一种普遍心态的怀疑：太多的人相信有某种神秘的点金石可以帮助一个人神奇地预测市场的动

---

1 SAT 为 Scholastic Assessment Test 的缩写，意为学术能力评估测试，是美国高中生进入美国大学所必须参加的考试，其作用相当于中国的高考，也是世界各国高中生申请进入美国大学学习能否被录取及能否得到奖学金的重要参考。——编者注

向，我却认为，像小麦价格、黄金价格这样复杂的东西牵扯了太多的因素，什么样的预测都无济于事，想寻找点金石的人注定要大失所望。

作为一个例子，我给他们讲了乔治给我讲过的一个故事：有一个玻璃盘，上面有很多曲线和直线，你完全可以在盘子上画出一个价格走势图，让图的顶端和底端与那些线条神奇地切合起来，再看看那些线，就好像市场正在对某种神秘的规则做出响应。他们看起来很喜欢我的故事，那一刻我想："我要大功告成了。"

我是对的——几件事都猜对了。我确实被选中了，而且里奇和比尔确实在测试我们的天资和才智水平。他们选中的人都具有某些共同特征，因为他们认为这些特征对一个成功的交易者来说是必不可少的。他们也是不错的科学家，出于实验目的，他们在组建所谓的海龟班时有意地考虑了人员背景的多样化。来看看第一个海龟班的部分成员吧：

· 一个对赌博和一切游戏都很感兴趣的人。有趣的是，他还是角色扮演游戏《龙与地下城》的游戏手册《地下城主指南》的编辑。在 20 世纪 80 年代早期，这可是个红透半边天的游戏。

· 一个拥有芝加哥大学语言学博士学位的人。

· 一个嘉吉公司的谷物交易者，他在校期间还得过马萨诸塞州的象棋冠军。

· 几个有交易经验的人。

· 一个会计师。

· 一个职业的 21 点（一种扑克牌游戏）和双陆棋玩家。

这些人大多是我见过的最聪明的人之一。里奇和比尔明显很注重交易者的高智商，而且特别强调数理和分析能力。里奇后来在一次面试中明言，他们在寻找"绝顶聪明"的人，由于报名的人太多，他们也有吹毛求疵的余地。绝顶聪明是很多海龟的共同特征，但并非所有的海龟都是如此。而且，我并不认为我们的智力与我们最后的成败得失有什么必然的联系。海龟们还有一个共同特征：都有赛局理论和策略方面的背景，而且都对赌博游戏中的概率问题颇有研究。我们很快就会知道里奇和比尔为什么注重这些特征了。

////// ////// //////

在面试结束几星期后，我接到了里奇的电话，通知我已经入选培训计划。当时我表现得一定不够兴奋，因为里奇后来对我说，在所有收到入选通知的培训生中,我是唯一一个算不上欣喜若狂的人。他甚至不知道我会不会出现在那个培训班里。

里奇告诉我，培训将在那一年的最后两个星期进行，在两周的培训结束之后，我们会开始用一个小账户进行交易。如果我们在一段初始实验期内表现良好，他会给我们每人一个 100 万美元的交易账户。

里奇相信他可以在两个星期内培养出一批交易者，这或许会令某些人惊讶。但现在看来，他居然需要两个星期的时间才是真正令我惊讶的事。事实上，里奇和比尔在第二年又招募了一批海龟，仅用一个星期就完成了培训。交易的难点不在于概念，而在于应用。学习如何交易相对容易，但把学到的东西应用在实际交易中是非常难的。

在历时一个月的实验期结束后，里奇评估了我们的表现。有些海龟足额地拿到了 100 万美元的账户，有些海龟拿到的账户不到 100 万美元，还有一些海龟要继续用他们最初的账户交易。里奇给了我一个 200 万美元的账户，在整个海龟计划期间，我的账户始终是金额最多的一个。

在本书中，我会告诉你里奇为什么能在短短一个月之后就评估出我们的相对能力，他在观察什么，以及他为什么要给我一个金额远多于其他海龟的账户。里奇早早就在我身上发现了一种能力，最终又在其他许多人身上发现了这种能力——这种能力就是我所说的海龟方式。

在揭示海龟方式之前，请允许我首先介绍一下整个交易行业，以便让读者了解海龟故事的背景。另外，关于海龟们为什么这么成功，优秀的交易者为什么能够赚钱，我还想谈一些心理上的原因。接下来的两章是第三章的基础，从第三章开始，我们将回到海龟故事，逐一探讨海龟方式的细节。

第一章

玩风险游戏的交易者

高风险，高回报。玩这个游戏是需要勇气的。

——海龟计划开始前，我对一个朋友说过这样一句话

人们经常问这样一个问题：是什么让一个人成为交易者，而不是投资者？两者之间的区别往往模糊不清，因为有许多自称投资者的人实际上却在做着交易者做的事。

投资者买东西是为了长远目标，他们相信，在一段相当长的时间（许多年）之后，他们的投资会升值。他们会买实物，也就是实实在在的东西。沃伦·巴菲特就是个投资者。他买的是企业，不是股票。他买的是股票所代表的东西：企业本身，包括它的管理队伍、产品和市场地位。股票市场也许并不能反映企业的“正确”价值，但他并不在意。事实上，他正是靠这一点赚钱的。他会在股票市场严重低估企业价值的时候买入，然后在股票市场大大高估企业价值的时候卖出。他通过这种方式财富大增，因为他精于此道。

交易者却不会去买像企业这样的实物，他们也不会买谷物、黄金或白银。他们买的是股票、期货合约和期权。他们不会太关心管理团队的水平，不会太关心寒冷的东北部地区的油料消费趋势，也

不会太关心全球咖啡产量。交易者只关心价格，从本质上说，他们买卖的是风险。

彼得·伯恩斯坦曾在他那本引人入胜的《与天为敌》中说过，市场允许风险从一个参与者转移到另一个参与者。这实际上就是人们创造金融市场的原因，也是金融市场的一个永恒的功能。

在当今的现代化市场中，企业可以购买远期外汇或期货合约，以便将自己隔离于汇率波动的风险之外。企业也可以用这些合约来防范石油、铜和铝这类原材料的价格上涨。

通过买卖期货合约来抵消原材料价格变化或外汇波动所带来的经营风险，这种做法叫作对冲。如果一个企业对石油这类原材料的价格非常敏感，那么恰当的对冲操作可能会起到非常关键的作用。例如，航空业对飞行燃料的成本非常敏感，而燃料成本与石油价格息息相关。当石油价格上涨时，航空公司的利润就会下降，除非它们抬高票价。如果票价不变，利润就会下降，因为石油价格的上涨带动了成本上升。

对策就是在石油市场进行对冲交易。美国西南航空公司多年来一直擅长此道，所以当石油价格从每桶 25 美元一路上升到每桶 60 美元时，它的成本并没有升高太多。事实上，它的保值策略相当成功，甚至在油价上涨多年后，它的油料中仍有 85% 是以每桶 26 美元的价格买入的。

西南航空在过去几年中一直是利润最高的航空公司之一，这并不是偶然的。西南航空的管理者们很明白，他们的工作是把乘客从一个地方运到另一个地方，而不是一天到晚地担心油价。于是，他们利用金融市场避开了油价波动的风险。他们非常聪明。

像西南航空这样的公司会用期货合约来防范经营风险，那么是谁把期货合约卖给这类公司的呢？是交易者。

流动性风险和价格风险

交易者玩的是风险。风险有很多种，而每一种风险都对应着一种交易者。在这本书里，我们把所有小风险统分为两大类：流动性风险和价格风险。

有很多（或许是大多数）交易者是短线操作者，他们经营的就是人们所说的流动性风险。流动性风险是指无法买入或卖出的风险，即当你想买的时候，没有人卖，或者当你想卖的时候，没有人买。对财务上的流动性资产这个概念，大多数人都耳熟能详。流动性资产就是能够快速、便捷地转化为现金的资产。存在银行里的现金具有高度流动性，交易活跃的公司股票具有相对流动性，一块土地则缺乏流动性。

假设你想买入 XYZ 股票，它的最新成交价是每股 28.50 美元。如果你查看 XYZ 的报价，你会看到两个价格：买入价和卖出价。假设买入价是每股 28.50 美元，卖出价是每股 28.55 美元。这意味着，如果你想买入一股 XYZ，你必须支付 28.55 美元，但如果你想卖出一股，你只能得到 28.50 美元。这两个价格之间的差异被称作价差。经营这种流动性风险的交易商通常被称作帽客或做市商。他们的利润就来自买卖价差。

这类交易有一个叫作套利的变种。套利交易涉及两个不同市场的流动性。套利交易者可能在伦敦买入原油，同时在纽约卖出原油；或者买入一个股票组合，同时卖出代表类似股票组合的股指期货。

价格风险是指价格大幅上升或下跌的风险。一个农场主可能会担心油价上涨，因为油价一涨，肥料和拖拉机燃料的成本就会上涨。农场主也会担心他们的产品（小麦、棉花、大豆等）的价格跌得太低，以至没钱可赚。航空公司的高管既担心油料成本上涨，也担心利率升高，因为高利率会增加融资成本。

对冲者通过把风险转移给交易者来规避价格风险。经营这种价格风险的交易者被称作投机商或头寸交易商。投机商靠价格的变化赚钱，比如先买入，然后等价格上涨时卖出，或者先卖出，然后等价格下降时买回平仓——这种交易被称作卖空。

对冲者、投机者和帽客

市场就是由一群群相互买来卖去的交易者组成的。有些交易者属于短线帽客，他们只是想一遍又一遍地赚取买价与卖价之间的价差；另外一些是投机者，他们试图靠价格的变化来赚钱；还有一些则是以规避风险为目的的企业。每一类交易者都良莠不齐，既有经验丰富的老手，也有初来乍到的新手。为了理解各类交易者的交易方式有什么不同，让我们来看一个例子。

阿珂姆（ACME）公司想为它的英国实验室规避成本上升的风险，于是在芝加哥商品交易所买了 10 份英镑期货合约。阿珂姆公司之所以面临风险，是因为英镑一直在升值，而其英国实验室的成本是用英镑来支付的。如果英镑相对美元升值，这个实验室的美元成本就会上升。买入 10 份英镑合约能消除这种风险，使公司不受汇率波动的影响。因为如果英镑相对美元升值，期货合约的盈利将抵消成本上涨造成的损失。阿珂姆公司从一个芝加哥场内交易商萨姆那里以每英镑 1.845 2 美元的价格买到了这些合约，萨姆就是我们所说的那种帽客。

实际交易是由阿珂姆公司的经纪人万世金融公司执行的。万世金融公司在交易厅内有自己的雇员：有的是电话员，负责在环绕交易大厅的一排排座位上接听电话，还有的是英镑交易场内的交易者，负责为万世金融公司执行交易。跑单员把来自电话席的交易命令传给场内的一个交易者，交易者继而与萨姆成交。如果交易量太大，或者市场变化太快，万世金融公司的场内交易者就可能会用手势信号直接从万世金融公司的电话席那里接收买卖信号。期货合约的细节是由交易所规定的，全都写在一份叫作合约规格的文件里。这些文件规定了一份合约所代表的货物数量和种类，有时候还规定了某种特定商品的质量。在过去，一份合约的货物量是根据一节火车皮的承载量来决定的：5 000 蒲式耳[1]谷物，112 000 磅[2]糖，1 000 桶油，等等。因此，合约有时候也被称作车皮。

交易以合约为单位：交易量不能小于一份合约。交易所的合约规格也规定了价格的最小变化幅度，这个幅度在业内被称作一个单位或最小单位。

根据芝加哥商品交易所的规定，一份英镑合约代表 62 500 英镑，最小单位是 1/100 美分，也就是 0.000 1 美元。所以，一个单位的价格变动价值 6.25 美元。这意味着萨姆每卖出 10 份合约，就可以从一个单位的价差上赚到 62.50 美元。他向阿珂姆公司出售这些合约的时候，买入价是每份合约 1.845 0 美元，卖出价是每份合约 1.845 2 美元，价差是两个单位。为了平仓，萨姆会试着立刻以每份合约 1.845 0 美元的价格买入 10 份合约。如果成功买入，他将会得到两个单位的利润，也就是 100 美元多一点儿。萨姆从一个大投机商艾斯先生那里买到了这 10 份合约。艾斯正在抛空建仓，赌价格的下跌——这样的头寸被称为空头头寸。艾斯先生持有这个头寸的时间可能是 10 天，也可能是 10 个月，这要看市场价格如何变化。

所以，共有三类交易者参与了这次交易：

· **对冲者**：也就是阿珂姆公司对冲部门的交易者，为了消除汇

1 蒲式耳：英美惯用的体积或容积单位。1 蒲式耳（英制）约合 36.37 升，1 蒲式耳（美制）约合 35.24 升。——编者注

2 1 磅约合 0.453 6 千克。——编者注

率波动隐含的价格风险，他在市场上用对冲交易来抵消这种风险。

· **帽客**：也就是场内交易商萨姆，他经营的是流动性风险，希望通过快速与对冲者进行交易，赚取买卖价差。

· **投机者**：也就是艾斯先生，他最终承担了阿珂姆公司想消除的“价格风险”，寄希望于价格会在接下来的几天或几个星期内下跌。

交易厅内的恐慌

为了说明价格变动背后的机制，让我们把情节稍做变化。假设萨姆没办法以每份合约 1.845 0 美元的价格买回 10 份合约，平掉他的空头头寸，因为有一个经纪商正在替东方汇理金融公司以每份合约 1.845 2 美元的市场卖出价大举买入英镑合约。这个经纪商买的实在太多，以至所有场内交易商都开始紧张起来。

尽管有些交易商可能持有多头头寸，但也有很多交易商可能已经卖空 10 份、20 份甚至 100 份合约，这意味着价格上涨会让他们赔钱。由于东方汇理金融公司的态度代表着许多大型投机商和对冲基金的态度，它的买入举动尤其令人不安。“东方汇理还想买多少？”场内的帽客们问，“是谁下达了这个命令？”“这是否只是一次大规模行动的开端？”

如果你是个已经卖空 20 份合约的场内交易商，你也会变得惶恐不安。假设东方汇理试图买入 500 份或 1 000 份合约，这样大的交易量或许会把价格推高到每份合约 1.846 0 美元或 1.847 0 美元。你绝对不敢在价格达到 1.845 2 美元时再卖出。你或许愿意在 1.845 3 美元或 1.845 5 美元的价位上再卖出一点儿，但也有可能你只想在 1.845 2 美元的价位上买回平仓，甚至甘愿赔钱选择以 1.845 3 美元或 1.845 4 美元的价格买回，而不再敢指望能以 1.845 0 美元的价格买回。

在这类情况下，买卖价差可能扩大——买入价是每份合约 1.845 0 美元，卖出价变为每份合约 1.845 5 美元。或者买入价和卖出价同时提高，变为买入价 1.845 2 美元，卖出价 1.845 5 美元，因为曾经在 1.845 2 美元时卖空的那些帽客试图以同样的价格买回，不赔不赚地平掉他们的头寸。

是什么变了？价格为什么会提高？价格变动取决于市场中所有买家和卖家的共同态度，这些买家和卖家就是我们所说的那些帽客、投机者和对冲者：想在一天内反复靠微小买卖价差赚钱的人，想投机于一天内价格小幅变化的人，想投机于几个星期或几个月内价格大幅变化的人，以及想规避经营风险的人。

共同态度变了，价格就会变化。不管出于什么原因，一旦卖家不再愿意以目前的价格卖出，而是想提高价格；买家又愿意接受这个更高的价格时，市场价格就会上涨。同样，不管出于什么原因，一旦买家不再愿意接受目前的价格，而是想压低价格；卖家又愿意以更低的价格卖出时，市场价格就会下跌。

共同态度可能会有“自促”作用。如果有足够多的场内交易者持有空头头寸，却有一个大买单不期而至，恐慌就可能出现。一个大买家可能会把价格推高到一定的程度，引发其他一些预挂的买单成交，这会导致价格进一步上涨。出于这个原因，有经验的帽客会在价格开始攀升时迅速停止做空，只做多。

回到上面所说的例子。一个行动不够快的场内交易者可能很快就发现，他的损失达到了每份合约 10 个、20 个甚至 50 个单位。如果他持有 50 份合约，每份损失 50 个单位，那么他的损失总共是 15 625 美元（50 份 ×50 个 ×6.25 美元），可能会让他在一个星期甚至一个月中的盈利归零。当损失大到一定程度时，目睹这么多钱转瞬消失的痛苦会让一个帽客不堪忍受、方寸大乱，惊慌失措地买入平仓，而不管价格有多么高。在一个瞬息万变的市场中，这个变化可能只是一两分钟内的事；即使在一个较为温和的市场中，整个过程可能也只需 10~15 分钟。

你会发现，经验丰富的交易者不仅会早早地买入，及时停止做空，还会顺便多买一些，转而做多，等待价格继续上涨。当经验不足的交易者在恐慌中盲目买入时，这些老练的交易者就有机会高价卖出，再赚一笔。

交易厅的灭亡

在海龟计划实施的那个时代，期货合约只能在期货交易所的交易厅内进行买卖。在这些大厅内，交易者面对面地直接交锋，靠手势和大喊大叫来执行交易。对外人来说，那种场景可以用疯狂来形容。

现在，交易厅正在消亡，它们正在被电子交易取代，几乎每一个市场都是如此。电子交易有很多优点，比如成本更低、速度更快，而且交易者可以在几毫秒内就知道交易是否已经完成，不用等上几分钟。在每一个既有电子交易系统也有传统交易厅的市场中，交易都呈向电子市场转移的趋势。事实上，也许不等这本书绝版，美国已经没有在交易厅中买卖期货合约的交易所了。

对我们这些在电子交易所诞生之前就已投身交易世界的人来说，交易厅的灭亡让人伤感。在芝加哥，像理查德·丹尼斯这样的交易者有很多，他们出身平凡，却在交易厅内进行着价值数百万美元的交易。对技高一筹的交易者来说，交易厅其实优于电子市场。在大厅内，你可以面对面地观察其他交易者，洞察整个市场的心理状态。单是显示屏上的几个数字并不能传达这种信息。有许多交易者是从跑单员做起的，也就是负责将交易命令从电话席传送到交易厅内的人。现在，这样的岗位正在消失。

但是，不管我们对交易厅的逝去有多惆怅和怀念，我们都要看到，新兴的电子市场也提供了一些新的机会。电子市场使操作成本更低了，这为我们使用交易次数更频繁的交易策略创造了机会。有些电子市场的交易量庞大至极，以至价值数百万美元的交易对市场价格不会有丝毫的影响。

请记住，当我在这本书里提到交易厅内的交易时，我所说的交易方式可能与现在的很多市场不太一样。不过，市场中的玩家和行为仍是一样的。不管你是通过电子系统交易，还是通过经纪人在大厅里交易，赔钱都是令人痛苦的事。即使你使用电子交易系统，那些对冲者、帽客和投机者依然存在，他们就躲在屏幕的背后，随时准备把你生吞活剥——如果你允许他们这样做的话。

下一章将探讨交易行为中的心理偏差现象，缺乏经验的输家和经验丰富的赢家之所以观念不同、行为不同，这些心理偏差就是根源所在。下一章也会讨论不同的交易风格以及适合每一种交易风格的市场状态。在此后的章节里，我们将看到，里奇的培训计划是怎样在几个星期内就将毫无经验的新手转变为成功的交易者的。

第二章

揭秘海龟思维

在交易世界里，人类的情绪既是机会所在，也是最大的挑战。掌控了它，你就能成功。忽视了它，你就危险了。

要想成为一个成功的交易者，你必须理解人类的情感。市场就是由一个个人组成的，每个人都有自己的希望、恐惧和弱点。作为一个交易者，你要从这些人类情感中寻找机会。幸运的是，一些非常聪明的人（也就是行为金融学的先驱们）已经洞察了人类情感对决定行为的影响。行为金融学这个领域引起人们的注意是从罗伯特·席勒的杰作《非理性繁荣》开始的，在赫什·舍夫林的名著《超越恐惧和贪婪》中则得到了更为详尽的阐释。行为金融学可以帮助交易者和投资者理解市场的运行方式。

究竟是什么让价格上下波动？（价格的波动足以把一个克己自制的绅士变成一个大哭大闹的可怜虫。）行为金融学研究的是影响买卖决定的人类认知和心理因素，可以从这些角度解释市场现象和价格波动。研究表明，人类在不确定的环境中容易犯下系统性错误。在紧张情绪中，人类对风险和事件的概率会做出糟糕的判断。有什么事能比赚钱或赔钱更令人紧张呢？行为金融学已经证明，当涉及这类利益问题的时候，人类很少能做出完全理性的决定。成功的交易者理解这种现象，也能够从中获利。他们知道，其他人的错误判断就是他们的机会，他们也知道，这些错误终将在市场价格的变化中现出原形。海龟们深谙此道。

情绪陷阱

多年来，经济学和金融理论一直是以理性行为理论为基础的。这种理论认为，人会按理性行事，在决定过程中会考虑到所有可获得的信息。交易者却知道这纯粹是一派胡言。成功的交易者之所以成为赢家，就是因为他们能利用其他交易者一贯的非理性行为。学者们已经发现了数不清的证据，足以证明大多数人都不会按理性行事。已经有十多类非理性行为和重复性错误判断的现象被记载到了学术文献中。事实上，交易者根本就不明白为什么会有人相信理性行为理论。

每个人的身上都有根深蒂固的系统性、重复性的非理性，而交易者的非理性会导致市场的波动。海龟交易法则之所以有效，而且始终有效，原因就在于它是以这种来源于非理性的市场波动为基础的。

在交易过程中，你曾多少次感受到以下情绪？

- **希望：**我当然希望我买了之后，它马上就涨。
- **恐惧：**我再也赔不起了，这一次我得躲得远远的。
- **贪心：**我赚翻了，我要把我的头寸扩大一倍。
- **绝望：**这个交易系统不管用，我一直在赔钱。

在市场中，很多机会就源自这些根深蒂固的人类特征。利用海龟交易法则，我们可以发现预示这些机会的市场行为。我们将在本章的一些例子中看到，人类的情绪和非理性思考可以制造出一种重复性的市场模式，这种模式便是机会出现的信号。

在那些较为简单原始的环境中，人类已经形成的某些特定的世界观对他们大有帮助，但在交易世界中，这些认知反而成了障碍。人类认知现实的方式可能出现扭曲，科学家将其称为认知偏差。以下是几种对交易行为有影响的认知偏差：

· **损失厌恶：**对避免损失有一种强烈的偏好。也就是说，不赔钱远比赚钱更重要。

· **沉没成本效应：**更重视已经花掉的钱，而不是未来可能要花的钱。

· **处置效应：**早早兑现利润，却让损失持续下去。

· **结果偏好：**只会根据一个决定的结果来判断它的好坏，而不去考虑决定本身的质量。

· **近期偏好：**更重视近期的数据或经验，忽视早期的数据或经验。

· **锚定效应：**过于依赖（或锚定）容易获得的信息。

· **潮流效应：**盲目相信一件事，只因为其他许多人都相信它。

· **小数定律：**从太少的信息中得出没有依据的结论。

////// ////// //////

患上损失厌恶症的人对避免损失有一种绝对的偏好，盈利只是第二位的。对大多数人来说，没有赚到 100 美元与损失 100 美元并不是一回事。但是从理性的角度来看，两者是一回事：它们都代表这 100 美元没有盈利。研究表明，损失的心理影响可能比盈利大一倍。

对交易行为来说，损失厌恶可以影响一个人使用机械性交易系统的能力，因为使用这类系统的人对损失的感受要强于对潜在盈利的感受。一个人可能因为遵守系统的法则而赔钱，也可能因为错过一个机会或忽视系统的法则而赔掉同样多的钱，但前者带给人的痛苦要远大于后两者。这样一来，损失 1 万美元的痛苦丝毫不亚于错失一个 2 万美元的盈利机会。

在商业圈里，沉没成本是指已经发生、无法收回的成本。比如，一笔用于研究一项新技术的研发投资就是沉没成本。在沉没成本效应的作用下，一个人在做决定的时候习惯考虑已经花掉的钱，也就是那些沉没成本。

举个例子。假设阿珂姆公司投入了 1 亿美元研发一种用于生产笔记本电脑显示屏的特殊技术，但在这笔钱已经花掉之后，该公司却发现另外一种技术明显更好，而且更有可能及时带来其所期望的成果。如果从纯理性的角度出发，阿珂姆公司应该权衡一下采用这种新技术的未来成本和继续使用当前技术的未来成本，然后根据未来的收益和支出状况做出决定，完全不必考虑已经花掉的那些研发投资。

但是，沉没成本效应会促使决定者考虑已经花掉的钱，而且他们会认为，转而采用另外一种技术就等于浪费了 1 亿美元。他们也许会坚持最初的决定，即使这意味着未来的生产成本要大上两三倍。沉没成本效应导致了糟糕的决定，这种现象在群体决定中往往更加明显。

这种现象对交易行为有什么影响呢？让我们试想一个典型的新手。假设他刚做了一笔交易，希望能赚到 2 000 美元。刚刚成交的时候，他给自己定了一个退出标准：只要价格下跌到让他损失 1 000 美元的程度，他就马上退出。几天之后，他的头寸损失了 500 美元。又过了几天，损失上升到 1 000 美元以上，超过他交易账户金额的 10%。账户的价值已经从 10 000 美元下降到了不到 9 000 美元。这正是他最初定下的退出点。

究竟是按最初的决定在损失 10% 的情况下退出，还是继续持有这个头寸？让我们看看认知偏差对这个决定会有什么样的影响。割肉退出对一个有损失厌恶症的交易者来说是件极端痛苦的事，因为这会让损失变成板上钉钉的事实。他相信，只要他坚持不退出，他就有机会等待市场反弹，最终失而复得。沉没成本效应则会让决定过程变味儿：有损失厌恶症的交易者考虑的不是市场下一步会怎么变化，而是怎么避免让那 1 000 美元打水漂。所以，这个新手决定继续持有这个头寸，不是因为他相信市场会反弹，而是因为他不想坐以待毙，白白浪费那 1 000 美元。如果价格继续下跌，损失上升到了 2 000 美元，那么情况会怎么样呢？

理性思维要求他退出。不管他最初对市场有什么样的假设，市场已明显证明了他的错误，因为价格已经远远低于他最初定下的退出点。不幸的是，上述两种认知偏差在这个时候变得更严重了。他想避免损失，损失却更大了，更加令人不堪忍受。对许多人来说，这种心理会继续下去，直到他们输个精光，或者终于在恐慌之中仓皇逃出，赔掉账户金额的 30%~50%——也就是 3~5 个 10%。

在互联网的黄金时期，我就在硅谷工作，认识很多高科技公司的工程师和营销管理者。其中有几位身家超过百万美元，因为他们手里有上市公司的股票期权。在 1999 年后半年到 2000 年年初的那段时间，他们志得意满地目睹股价一天接一天地蹿升。当股价在 2000 年开始下跌时，我问许多朋友他们打算什么时候卖掉手中的股票。他们的回答几乎如出一辙："等价格回到 X 美元的时候我就卖。"而这个 X 要远高于当时的市价。结果，几乎每个人都眼睁睁地看着他们的股票一路跌到其最初价值的 1/10 甚至 1/100，他们却始终没有卖出。价格越低，他们就越有理由继续等待。"我已经赔了 200 万美元，再赔个几百美元算什么？"这是他们的普遍心态。

处置效应是指投资者倾向于卖掉价格正在上涨的股票，却保留价格正在下跌的股票。有人认为这种效应与沉没成本效应有关，因为两种现象都证明了一件事：投资者不愿意承认过去的决定并不成功。类似的，早早兑现利润的倾向也来源于人们不愿意丢掉盈利机会的倾向。对怀有这种倾向的交易者来说，弥补大损失是很难的，因为能够赚大钱的交易早早就被终结,交易的潜力也就永远失去了。

结果偏好是指一个人倾向于根据一个决定的最终结果，而不是其本身的质量来判断这个决定的好坏。说到风险和不确定性，有很多问题是没有正确答案的。出于这个原因，一个人有时候会做出一个自认为有理，看起来也是正确的决定，但由于没有预见也不可能预见的因素，这个决定并没有带来理想中的结果。

结果偏好会导致人们过于重视实际发生的事情，忽视决定本身的质量。在交易世界中，即使是正确的方法也可能赔钱，甚至有可能连续赔钱。这些损失会导致交易者怀疑自己，怀疑自己的决定程序，于是对自己一直在使用的方法做出负面评价，因为这个方法的结果是负面的。再加上近期偏好，这个问题会变得尤其严重。

近期偏好是指一个人更重视近期的数据和经验。昨天的一笔交易比上个星期或上一年的交易重要。近两个月的赔钱经历可能跟过去 6 个月的赚钱经历同样重要，甚至更加重要。于是，近期的一连串不成功的交易会导致交易者怀疑他们的方法和决定程序。

锚定效应是指人们在做出一个涉及不确定性的决定时过于依赖那些容易获得的信息。他们可能会钉着近期的一个价位，根据当前价格与这个参考价格的关系来做出决定。这就是我的那些朋友这么不愿意卖出股票的原因：他们只顾钉着近期的高点价格，然后拿当前的价格与这些高点价格比较。这样比较的话，当前价格总是显得太低了。

人们往往会因为其他人相信某件事就随波逐流地相信这件事，这被称为潮流效应或羊群效应。价格之所以会在泡沫行将破裂的时候仍然疯涨不止，部分原因就在于这种潮流效应。

被小数定律迷惑的人相信，一个小样本就可以近似准确地反映总体状况。小数定律这个词来源于统计学中的大数定律。大数定律是指从一个总体中抽出的一个大样本可以近似准确地反映这个总体，这个法则就是所有民意调查的理论依据。从一群人中随机抽取出的一个 500 人的样本可以非常准确地代表 2 亿人甚至更多人的意见。

相比之下，小样本对总体来说并没有太大的代表性。比如，如果一个交易系统在 6 次测试中有 4 次获得成功，那么大多数人都会说这是一个好系统，但从统计学上说，并没有足够的信息可以支持这种结论。同样，如果一个共同基金连续 3 年的表现都强于指数的表现，那么这个基金的经理会被当成英雄。遗憾的是，几年的表现并不能代表长期表现。信奉小数定律会导致人们过早地建立信心，或过早地失去信心。再加上近期偏好和结果偏好的影响，交易者往往会在一个有效的系统刚要开始发挥作用的时候就将它抛弃。

认知偏差对交易者有不可估量的影响，因为如果一个交易者可以不受这些偏差的影响，那么每一种偏差都意味着赚钱的机会。当我们在后面的章节里细说海龟交易法则的细节时，你会看到，避免这些认知偏差能带给你巨大的优势。

海龟交易策略

我们已经了解了一个交易者的心理特征，现在让我们看一看交易的不同方式。各种类型的交易策略或风格都有其忠实信徒。事实上，有些交易者对他们的特殊风格推崇之至，以至其他任何风格都难入他们的法眼。我没有这种偏见。任何有效的方法都是好方法。固执地坚持一种方法而排斥其他方法是愚蠢的。这一节将介绍当前最流行的一些交易风格，第一个就是趋势跟踪。

趋势跟踪

使用这种方法的交易者试图利用几个月内的大趋势来进行判断。趋势跟踪者在市场处于历史高位或低位的时候入市，如果市场逆转，而且逆转趋势维持了几个星期，他们就会退出。

为了准确地判断一种趋势什么时候开始，什么时候结束，交易者花了很多时间研究了许多判断方法，但所有有效的方法都有一些非常类似的特征。趋势跟踪法可以创造可观的回报，而且一直战无不胜，但出于几个原因，大多数人都不太容易坚持这种策略。

第一，大趋势很少出现，这意味着趋势跟踪策略的失败概率要远大于成功概率。对一个典型的趋势跟踪系统来说，可能有65%~70% 的交易是赔钱的。

第二，趋势跟踪系统不仅会在没有趋势的时候失效，在趋势逆转的时候也会失效。海龟和其他趋势跟踪者常说的一句话是："在趋势结束之前，趋势是你的朋友。"趋势的结束和逆转对你的账户和你的精神来说都是一种残酷的打击。交易者把这种亏损期称为衰落期。一个趋势的结束通常会伴随衰落期的到来，在市场骤然转向的情况下，衰落有可能持续几个月之久。在这段时间里，趋势跟踪策略会使你不断赔钱。

衰落一般是根据它的持续时间（天或月）和程度（通常以比例的形式）来衡量的。一般来说，趋势跟踪系统的衰落程度大致接近其回报水平。所以，如果一个趋势跟踪系统的期望回报率是每年30%，那么在衰落期内，你的账户价值可能从高点下跌 30%。

第三，趋势跟踪法需要动用相对较大的资金量才能确保合理的风险控制，因为这种方法的入市价位与不利局势下的止损退出价位有很大的差距。

如果资金太少，使用趋势跟踪策略会大大提高破产出局的概率。我们将在第八章更详细地谈谈这个问题。

反趋势交易

当市场没有形成趋势时，反趋势交易者通过与趋势跟踪法截然相反的策略来赚钱。这类交易者不是在市场创新高的时候买入，而是在价格接近新高的时候卖空。他们的理论依据是：新高的突破大多不会引发市场趋势。我们将在第六章里谈一谈反趋势交易的盈利源泉：市场的支撑与阻力机制。

波段交易

波段交易本质上与趋势跟踪交易相同，只不过它瞄准的是短期市场波动。比如，一次成功的波段交易可能只会持续三四天，而不是几个月。波段交易者通常会在市场的波动中寻找一些模式，借以判断价格是否有可能在短期内显著地向某一个方向变动。

波段交易者喜欢参考短期价格走势图，也就是反映价格每 5 分钟、每 15 分钟或每一个小时变动情况的图表。在这些图表中，一个三四天的趋势就算是大趋势，就像是日走势图中的 3 个月或 6 个月的趋势一样。

当日交易

当日交易与其说是一种风格，不如说是极端短期交易的代表。一个真正的当日交易者总是试图在每天的交易结束之前退出市场。这样一来，即使夜间爆出的负面新闻引发了股市开盘之后的剧烈变化，他们的头寸也不会受到什么影响。当日交易者一般会使用以下三种交易策略中的一种：头寸交易、抢帽子或套利。

当日交易者通常也会使用像趋势跟踪或反趋势交易这样的策略，但操作周期却要短得多。一笔交易可能只会持续几个小时，而不是几天或几个月。

抢帽子是一种特殊的交易方式，曾经只属于交易所里的那些场内交易者。帽客们试图赚取买入价和卖出价之差，也就是价差。如果黄金的买入价是每盎司[1]550美元，卖出价是每盎司551美元，一个帽客就会试着以每盎司550美元买入,在每盎司551美元时卖出。因此，帽客们为市场创造了流动性，因为他们在不停地出价、要价，寄希望于买单和卖单之间的平衡。

套利策略利用的是同一个市场中或非常类似的不同市场间的价格差异。不同市场往往位于不同的交易场所。例如，一个套利者可能在纽约商品交易所的大厅内以每盎司550美元的价格买入黄金，同时在芝加哥期货交易所的Globex电子交易平台内以每盎司555美元的价格卖出5份E-迷你黄金合约，捕捉转瞬即逝的价格失衡。

市场状态

以上每一种交易策略都有更适合自己的市场环境，也就是说，当市场以某种特定的方式运行或处于某种特定状态时，这种策略更为有效。

如图2–1所示，投机性的市场分为以下四种状态：

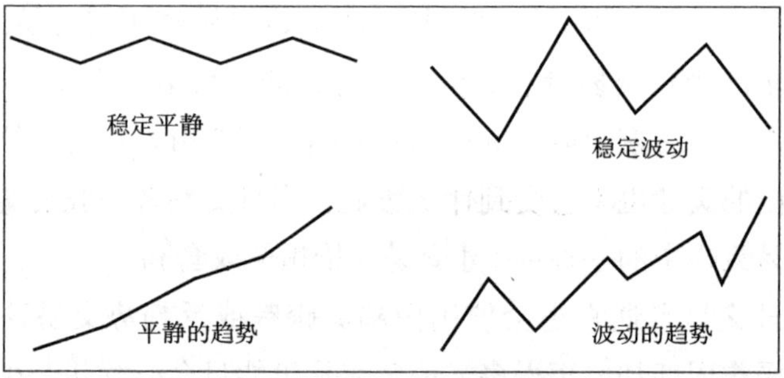

图2–1　四种市场状态

1　1盎司≈28.35克。——编者注

· **稳定平静**：价格在一个相对较小的范围内上下波动，很少超出这个范围。

· **稳定波动**：有大的日间或周间变化，但没有重大的月际变化。

· **平静的趋势**：价格在几个月中缓慢地运动，但始终没有剧烈回调或向反方向运动。

· **波动的趋势**：价格有大的变化，偶尔伴有剧烈的短期逆转。

趋势跟踪者们喜欢平静的趋势。在这样的市场中，他们既可以赚钱，又不必忍受价格剧烈地向反方向运动。一个交易者很容易把一笔交易保持很长一段时间，因为市场在这段时间内不会让利润缩水。波动性的市场对趋势跟踪者来说则较为棘手。当利润连续几天或几周不断地缩水时，你很难保持冷静。

反趋势交易者喜欢稳定中有波动的市场。这类市场虽然有相对较大的上下波动，但始终停留在一个相当狭窄的价格范围内。波段交易者喜欢波动性市场,不管有没有趋势。波动性市场的机会更多，因为波段交易者是靠短期价格波动赚钱的，而这类短期波动就是波动性市场的基本特征。

尽管一个市场究竟处于哪一种状态有时候并不难判断，但无论是趋势的强度还是波动的程度都会变化。这意味着，市场经常会同时呈现两种不同的状态，某一个属性值会由低变高，或由高变低。比如，一个市场一开始可能是平静之中带有趋势，但随着趋势的发展，波动性逐渐增强，价格的运动从平静的趋势转变为波动的趋势。

海龟们从来不去预测市场的动向，而是会寻找市场处于某种特定状态的指示信号。这是一个重要的概念。优秀的交易者不会试着预测市场下一步会怎么样；相反，他们会观察指示信号，判断市场现在正处于什么样的状态。

第三章
海龟培训课程

掌握优势、管理风险、坚定不移、简单明了。整个海龟培训计划，乃至所有成功交易的基础，都可以归结为这四个核心原则。

海龟培训课程是在芝加哥联合俱乐部的一个会议室里进行的。整个过程从一开始就充满了矛盾。比如，我们必须穿夹克，因为联合俱乐部有自己的着装规范，但这与里奇的个性不符。他不是那种计较着装规范的人。另外，我虽然不知道我们为什么会选择那个特殊的教室，但这个地方用于培训实在是太不合适了。联合俱乐部是那种典型的绅士俱乐部。它的早期成员包括许多芝加哥的名流显贵，比如那家著名肉食品公司的老板菲利普·丹福斯·阿穆尔，发明了豪华型列车车厢的乔治·普尔曼，还有百货公司大亨马歇尔·菲尔德和工业家约翰·迪尔。想象一个缭绕着雪茄烟雾的房间，你就知道 1983 年的联合俱乐部是什么样子了。与 C&D 期货公司的那些低调的办公室相比，联合俱乐部简直就是另一个世界。

首期海龟班由我们 13 个人组成：11 位男士和 2 位女士。13 个人中有很多已经有过交易经验，但包括我在内的几个人则完全是新手。我的年龄比同学们小很多。有几个培训生看起来有二十四五岁的样子，但大多数都 30 多岁了。尽管我只有 19 岁，我却感觉自己像是这些兄弟姐妹中的一员，其他人的年龄和经验并没有令我胆怯。

在开始细说培训内容之前，让我先说说我本人的几个特点，这有助于你理解我的个性和观念对我的学习成果有什么影响。我这个人喜欢简化概念，而且很擅长抓住一件事的核心，也就是它的本质。在整个培训过程中，我不需要做什么详细的记录，我听课听的是最重要的概念——核心理念。我会注意课堂上所讲的内容，思考为什么要讲这些内容。我深信，我之所以能在第一个月的交易中获得出众的成绩，正是因为我把握住了培训课程中的那些最重要的内容。

里奇和比尔都给我们上课，打从一开始，他们的革新性理念就打动了我。他们用科学的方法分析市场，注重推理，而且对成功交易的原理已经有了非常成熟的认识。里奇和比尔从不依赖直觉，相反，他们的方法以实验和调查为基础。他们不会使用那些五花八门的数据资料，而是用电脑分析的方法来判断什么东西有效，什么东西无效。大量的科学研究赋予了他们一种特殊的自信，这种自信对他们的成功至关重要。（也正是因为这种自信，里奇才敢拿出钱来打赌他可以把一群新手培养成优秀的交易者。）

首先，里奇和比尔讲了赌博和概率论的基本原理。我在高中学过概率论和统计学，所以这些内容对我来说不算新鲜。他们向我们解释了资金管理、破产风险和期望值（都是众所周知的赌博概念）的数学基础。有几个海龟曾是职业赌徒，所以他们对这些基本原理已经驾轻就熟。我会在后面的章节里更详细地探讨这些理论，但现在，我想先对课程的内容做一个简单的介绍。

破产风险

如果你在网上搜索一下破产风险这个词，会发现有很多搜索结果都与赌博和21点游戏有关，因为这个概念在赌博圈里要比在交易行业里流行得多。但是，如果一个交易者要在某个时刻决定在某个市场上买入多少份合约，或者买入多少股股票，破产风险是他首先要考虑的问题。

在赌博中，破产风险是指因为一连串失败而赔光所有钱的可能性。比如，假设我们在玩掷骰子游戏，我说如果你掷出4点、5点或6点，你每押1美元，我就赔你2美元，那么你恐怕有多少钱就会押多少钱，因为你的赢面很大。4点、5点或6点出现的概率是50%，因为骰子一共有6面。6面中有3面会让你赢钱，而且是2赔1的赔率。根据概率理论，如果你掷4次，你最有可能赢2次，输2次。如果你每次押100美元，你就会赚2次，赔2次，净赚200美元。

如果你口袋里只有1 000美元，那么你每次会押多少钱？1 000美元、500美元，还是100美元？问题在于，虽然这次赌博对你有利，你仍然有可能赔钱。如果你赌得太大，而且一连输了太多次，你就可能把所有钱赔个精光，丧失继续玩下去的机会。在前两次投掷中，你有25%的可能性两次都输，所以如果你每次都押上500美元，你在前两次投掷中就有25%的破产风险。

破产风险会随着赌注的增加不成比例地迅速增大，这是它最重要的特征之一。如果你把每次的赌金翻一番，那么破产风险通常将不只翻一番——视系统特性的不同，破产风险有可能翻上两番、三番甚至四番。

资金管理

所谓资金管理，就是指合理控制市场风险，确保交易者能安然度过每一个交易者都必然会碰到的逆境时期。交易者既要让盈利潜力最大化，又要把破产风险控制在可以接受的水平，资金管理就是这样一门艺术。

海龟们使用两种资金管理方法。首先，我们把头寸分成一个个小块。这样，即使一笔交易赔了钱，我们损失的也只是一个头寸的一部分。里奇和比尔把这些小块称作头寸单位。其次，我们使用里奇和比尔发明的一种创新性的头寸规模决定方法。这种方法以市场的每日上下波动为基础，而波动幅度是以不变美元衡量的。他们会为每一个市场计算出一个特定的合约数量，目的是让所有市场的绝对波动幅度大致相等。里奇和比尔把他们的波动性指标称为N，尽管现在的人更习惯称它为真实波动幅度均值。真实波动幅度均值这个名称是J. 威尔斯 · 威尔德在他的《技术交易系统新概念》一书中首先提出的。

由于每一个市场中的交易量都要根据波动性指标N来做出调整，因此任何一笔特定交易的每日波动幅度都大同小异。根据波动性来调整交易量（也就是头寸规模）的概念已经有人写过，最著名的要数范 · 撒普 1998 年的著作《通向财务自由之路》和此书 2007 年的第二版。但是，这在 1983 年却是个绝对新颖的概念。在当时，交易者调整不同市场上的头寸规模，大多是以一些不太严格的主观标准或是经纪人的保证金要求为依据，对市场波动性并没有太多的考虑。

海龟的优势

由于有几个海龟毫无交易经验，里奇和比尔花了很多时间来解释下单和交易的技巧。他们还强调了几个对有经验的交易者也很重要的概念，因为他们打算给我们的资金太多，班里没几个人曾经用那么多金额的账户做过交易。用大账户进行交易别有一番难处，因为大额定单可能导致价格波动，提高交易的成本。要想把这个效应控制在最低限度，有效地管理定单是非常重要的。

海龟们学会了如何使用限价定单，而不是最常用的市价定单。大的市价定单必然会导致价格变动。限价定单有时候也被称作更佳定单，是指以一个事先规定的价格或更有利的价格买入。例如，如果你想买入黄金，而金价目前是每盎司 540 美元，在过去的 10 分钟内一直在 538~542 美元之间波动，那么你可以发出这样的定单：“限价 539 美元”或“539 美元或更佳”。对这样一次交易来说，如果你下的是市价定单，你最有可能以 541 美元或 542 美元的价格成交，比 539 美元要高一点儿。长期来看，积少成多，小节省也能变成大财富。

海龟们学会了以长远眼光看待交易，而且掌握了一个有优势的交易系统。可以说，这就是海龟交易法则最重要的一个要素，也是赢家与输家在方法和观念上的一个最关键的不同之处。

长期有效的交易方法都有一个特征，那就是赌博理论中的优势。这个优势是指一个人相对一个对手的系统性优势。一个赌场在大多数时间都掌握着对顾客的优势，但在某些游戏中，玩家也有可能获得优势。以 21 点游戏为例，当技艺高超的玩家注意到有很多小牌已经发出时，他们就能暂时获得对赌场的优势，因为这意味着接下来发出大牌的概率提高了。在这种情况下，玩家就掌握了对庄家的暂时性优势。因为只要牌面组合小于 16 点，庄家就必须继续要牌，而如果一副牌中还留有很多大牌，那么下一张牌让庄家输掉的概率就会提高，因为点数超过 21 点就会爆牌。

所以，老练的玩家在大多数时间里都赌得很小，因为优势在赌场一边。他们在等待时机，等待自己偶尔获得对赌场的优势。一旦等到了这种机会，这些玩家就会加大赌注，利用他们的优势压倒庄家。实际上，这种操作并不是那么容易，因为如果你一开始赌得太小，后来又在条件有利的情况下突然加大赌注，你就很容易被赌场的工作人员盯上，早早被踢出大门。

正因如此，许多老练的赌徒都是集体行动的。队伍中的一个成员一直坐在赌桌前玩，留心牌面，当概率优势转移时，他会向另一个成员发出暗示。于是另一个人走上前来加入游戏，一开始就重拳出击。到晚上的时候，整个队伍再聚在一起分享所得。这类方法之所以管用，是因为这些职业赌徒使用了一个有优势的系统。

里奇和比尔还向我们传授了期望值理论，这是为了让我们掌握扎实的基础知识，在不可避免的逆境时期也能坚持我们的方法。我们学习的系统在市场上有一种强大的优势，期望值理论就是量化这种优势的方法，也是避免结果偏好效应的基础。

回想一下结果偏好效应：人们倾向于根据一个决定的结果而不是其本身的质量来判断它的好坏。里奇和比尔的目的显然是让我们避免结果偏好，忽略个别交易的个别结果，把注意力集中在整体期望值上。

期望值

期望值这个词也是从赌博理论中来的，它以量化的方式回答了这样一个问题："如果我持续这样做，结果会怎样？"期望值为正的游戏就是有希望赢的游戏，上面所说的 21 点游戏在玩家掌握了优势之后就有了正的期望值。期望值为负的游戏就是轮盘赌和掷骰子一类的游戏，有优势的是赌场，所以长期来看赌客总是输的。赌场老板们个个都对期望值理论心知肚明。他们知道，有那么多赌客乐此不疲地玩下去，哪怕赌场的正期望值只有几个百分点，长期来看也能带来滚滚财源。赌场老板们不在乎他们的输局，因为这样的输局只会进一步刺激赌客们。对老板们来说，输局只不过是做生意的成本，他们知道自己才是最终的赢家。

海龟思维

· 用长远的眼光看待交易。
· 避免结果偏好。
· 相信正期望值的威力。

海龟们正是以这样的方式看待损失的：损失只是做生意的成本，并不代表一次错误交易或一个坏决定。要做到这一点，我们必须明白一件事：长期来看，我们总会失而复得。海龟们相信，期望值为正的交易长期内必能成功。

如果里奇和比尔说某一个系统的期望值为 0.2，那么这意味着每 1 美元的风险投入能获得 20 美分的利润。他们是根据一个系统的历史交易记录来计算它的期望值的。期望值就等于每笔交易的平均盈利除以每笔交易的平均风险投入。风险投入则等于最初成交价和止损价（也就是在损失的情况下退出止损的价位）的差异乘以所买卖的合约数量，再乘以合约本身的大小。

举个例子说明一下海龟是如何衡量风险的。假设有一笔黄金交易，每份合约为 100 盎司，买入价是 350 美元，止损价是 320 美元，交易者共买入了 10 份合约，那么这笔交易的风险水平等于买入价与止损价的差价（30 美元）乘以合约数量（10 份）再乘以合约本身的大小（100 盎司），也就是 30 000 美元。

里奇和比尔鼓励海龟们注意一种方法的长期效果，忽略短期内不可避免的损失。事实上，他们认为损失期通常是盈利期的前兆。这种培训对海龟们未来的成功至关重要，也对海龟们在逆境之中坚守法则至关重要。

趋势跟踪策略

趋势是指价格在几个星期或几个月的时间内保持一种变化态势的现象。趋势跟踪的基本策略就是在一个上扬趋势刚刚开始的时候买入，在这个趋势即将结束时退出。市场有三种容易形成的趋势：向上趋势、向下趋势和水平趋势。里奇和比尔要求海龟们在市场刚刚从水平趋势转为向上趋势的时候买入，在向下趋势即将开始的时候卖空，趋势结束之后就立刻退出——所谓趋势结束，就是指市场再次由向上或向下趋势变成水平趋势。

有趣的是，这些年来已经有不少人研究过海龟们的秘密法则，还有一些人靠传授这些法则赚了大把的钱。其实，我们所使用的法则并非如此重要，还有其他许多有名的趋势跟踪策略与我们的法则一样获得了成功，甚至比我们的还要成功。事实上，我们所使用的法则在海龟计划进行的那个时候已经众所周知。

你完全可以凭借那些闻名已久的理念和概念获得成功，但前提是，你必须始终如一地坚持它们。这就是交易的秘诀，也是海龟们成功的秘诀。

我们所使用的特殊方法叫作突破法，有时候也被称为唐奇安通道法，因为理查德·唐奇安普及了这种方法。这种方法的基本思路就是在市场超越过去特定时期内的最高点时（也就是突破前期价格水平时）买入。我们有两个系统：一个是被里奇和比尔称为系统 1 的中期系统，它根据过去 20 天（或者说 4 个交易周）的高点和低点价格来确定突破点；还有一个时间跨度更长的系统，也就是系统 2，它根据过去 60 天（12 个交易周）内的高点和低点价格来确定突破点。在每个交易日结束后，我们都要为这两个系统重新计算高低突破点。一般来说，我们要做的就是回顾一下过去一段时间内的市场波动，根据价格变化的视觉特征找出那么一两个高点。大多数时间里，高点不会变，所以我们也无事可做。每一个系统都有两种退出标准。第一个是以 N 衡量的止损退出点：损失不得超过 2N，也就是两个真实波动幅度均值。从另一个角度说，这个跌幅恰好相当于我们账户总额的 2%，因为我们在每一个市场中决定交易量的方法也是以 N 为基础的。

海龟培训课程的所有内容可以归结为以下 4 个要点：

1. 掌握优势：找到一个期望值为正的交易策略，因为长期来看它能创造正回报。

2. 管理风险：控制风险，守住阵地，否则即使你有一个期望值为正的系统，你也等不到它创造成果的那一天。

3. 坚定不移：唯有坚定不移地执行你的策略，你才能真正获得系统的正期望值。

4. 简单明了：海龟交易法则的精髓其实很简单——抓住每一个趋势。你的大部分利润可能都来自两三次成功的交易，所以不要错过任何趋势，否则你全年的努力可能都会化为泡影。这很简单，也很容易理解，只是不容易做到。

你将在下一节的实战交易案例中看到，最后一点是非常重要的。在我看来，当我们开始实战交易时，方法的细节并不是那么重要，更重要的是坚定不移，不错过任何一个趋势。当我们把真金白银投入市场时，这些简单的概念是很容易被置之脑后的。

第一次实战

两星期的培训课程终于结束了，全班同学都跃跃欲试，渴望实战的来临。我们在元旦假期之后返回芝加哥，来到了杰克逊大街上与期货交易所大楼并肩而立的保险大厦。位于大厦 8 层的一个巨大的办公室就是我们的工作间，我们每人都分到了一张桌子。

这些桌子两两一组，共有 6 组，每一组之间都有 6 英尺[1]的间隔。我们都有机会挑选桌子，这意味着我们可以选择谁将在接下来的日子里与我们并肩作战。每一张桌子上都有一部单独连线的直拨电话。

海龟们每个星期都会拿到一张表，上面列明了我们参与的每一个市场中每 100 万美元的交易账户所对应的合约交易量。不过，为了简化交易过程，里奇和比尔要求我们在每一个市场中都使用同样大小的头寸单位：3 份合约。我们所交易的每一种合约，最大头寸规模都是 4 个单位，也就是 12 份合约。这大致与一个 5 万 ~10 万美元的账户对应。

我们对自己的账户有完全的支配权，可以做任何我们想做的交易，只要我们能说明做每一笔交易的原因，并大致遵循我们的系统要求。我们在第一个月里都要写自己的日志，在里面注明做每一笔交易的原因。我的记录大多是这类风格：“在 400 美元时买入，因为根据系统 2 来看，这是一个 60 天的突破点价格。”

新年伊始，1984 年 2 月，民用燃料油的价格从 0.80 美元上涨到了 0.84 美元，于是我遵照系统的要求买入了 3 份合约。这笔交易立即盈利，而我在短短几天内就买足了 12 份合约，达到上限。在接下来的几天内，我们的“交易室”内充斥着买入指令和欢声笑

1　1 英尺 ≈ 0.304 8 米。——编者注

语：民用燃料油的价格在不到一星期内就蹿升到了 0.98 美元。

那个年代还没有电脑自动打印的价格走势图。我们只能看《期货观察》上的图表，这是一份小报，当月交易活跃的期货合约它大多都会刊登。由于这些图表每星期才更新一次，我们在每一个交易日结束后还得用铅笔在上面补充新的走势。

但说到 2 月的民用燃料油合约，这个方法就不太管用了，因为这些合约还有两个星期就要到期，《期货观察》不再报道它们。我们只能用老图表，而老图表上的最高价只有 0.90 美元左右，因为上一年的最高价也不过是 0.89 美元。这意味着最新价格成了名副其实的“表外”信息。情急之下，我把上个星期的旧图表上没有价格信息的空白处剪下来一块，接到了这张图的上方，算是续上了一段。最终，我所记录的价格走势图比原来的图高出了 12 英寸[1]。

就在这个过程中，我注意到了一件令我吃惊的事。事实上，这件事直到今天还令我百思不得其解——我是唯一一个买足 12 份合约的海龟。其他海龟都因为某种无法解释的原因而没有遵照里奇和比尔的系统的要求。

为什么？因为他们害怕出师不利？因为 2 月的民用燃料油合约还有几个星期就要到期？还是仅仅因为他们偏好更保守的交易风格？我不知道。但我怎么也想不明白，为什么他们都上了同我一模一样的培训课，却没有一个人在 2 月的民用燃料油上满仓？（我们都用“满仓”这个词来形容买足 4 个头寸单位的情况。）

里奇和比尔一遍又一遍地提醒我们不要错过趋势，但仅仅过了几个星期，许多海龟就在一个大趋势面前坐失良机。如果我们用来

1　1 英寸 ≈2.54 厘米。——编者注

交易的是一个正常的100万美元账户，我们的一个头寸单位应该是18份合约，而不是3份合约，这意味着我能在这次交易中赚到50万美元，也就是50%的利润。

就在我发现我是唯一一个满仓的海龟后，市场动荡了几天。民用燃料油的价格从每股0.98美元左右的高位下跌到了每股0.94美元，每份合约下跌大约1 200美元。在市场连续回调两天后，我又注意到了另一件有趣的事。

根据里奇和比尔的培训，当市场短期回调时，正确的做法明显是持仓等待，听凭利润下降。我就是这么做的：在价格下跌的过程中，我始终持有全部12份合约。在几天之内，我的利润就从5万美元下降到了3.5万美元。但其他几个也持有大头寸的海龟并没有这么做，当目睹利润快速蒸发后，他们匆匆忙忙地清仓退出了。

接下来，市场复苏了。第二天，价格继续上扬。很快，价格就突破了前期每股0.98美元的高点，一路攀升到了每股1.05美元。就在合约到期前的一两天，价格升到了顶峰。

这时候，戴尔从里奇的办公室里给我打来电话，告诉我里奇可不想真的去提货，于是我以每股1.03美元的价格将12份合约全部出手，距离2月1.053美元的最高价只有咫尺之遥。在绝大多数情况下，我们并不会因为一期合约即将到期就退出，我们会将头寸转向下一期合约，也就是退出当月就要到期的头寸，转而持有下一个月的头寸。但这一次的情况有所不同，因为这次趋势仅限于1984年2月的合约，没有滚动交易的理由。这也意味着我只有钉住2月的合约才能抓住这次趋势。

图3–1就是1984年2月的民用燃料油合约价格走势，以及我在海龟们遇到的第一个大趋势中的进入和退出点。

这次交易结束后，我的账户获利78 000美元。就因为坚持了我们所学习的方法，我得到了回报，盈利几乎是其他任何一个海龟的 3 倍多。几个像我一样持有大头寸的海龟全部在上一次回调的最低点退出，最终错过了这波趋势的整整一半。至于那些根本没有参与这次交易的海龟，自然是一无所获。

是否盈利和盈利多少与掌握的知识毫无关系，完全是情绪和心理因素造成的。对我来说，这是件不可思议的事。我们所学习的内容完全一样，但我在 1 月的回报率是其他海龟的 3 倍以上。他们都是非常聪明的人，而且师从那个时代最著名的交易者。他们中的几个人将在几年之后跨入世界顶尖交易者的行列，但在一开始的那个实习期内，他们并没有执行我们的策略。

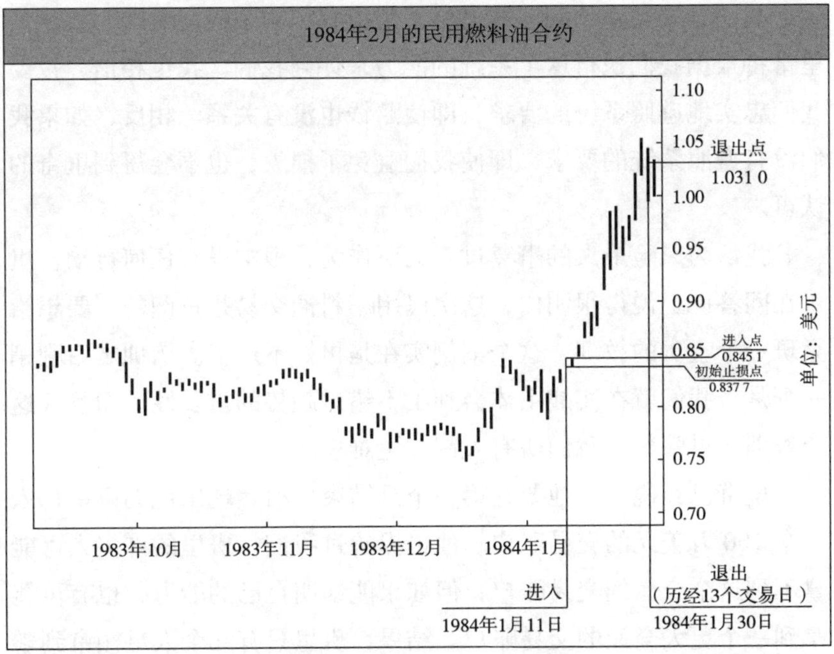

图 3-1 海龟们的第一个趋势

在此后的岁月中，我无数次地体会到情绪和心理优势才是成功交易的首要因素。这是我第一次领略这种理念，也是我第一次在实践中见证它。

第一张成绩单

在第一个月的实战中，里奇和比尔每一两个星期就到现场来巡查一次。第一个月结束后，他们又过来给全班上了一堂问答课。课上,里奇问其他海龟为什么没有买更多的民用燃料油。有些人回答，他们认为风险太大，因为价格上涨过快；还有些人以为那个趋势不会延续多久，因为那一期合约已经没剩下几个交易日了。

我的看法与众不同。我之所以坚持我们的系统，是因为我相信里奇将根据我们执行这个系统的能力来评判我们。我也相信，只要我们忠实地遵照系统的要求，即使赔钱也没有关系。相反，如果我们没有遵照系统的要求，即使我们避免了损失，也不会得到里奇的认可。

我认为风险最大的事莫过于无所作为，根本没有任何行动。里奇在问答课上说得很明白，这次民用燃料油交易是正确的。要想给全班一个宝贵的教训，这个案例实在是再好不过了。培训之后刚刚一个月，我们就在实战中体会到了不错过趋势的重要性。而且，这个教训太过深刻，我们所有人都终生难忘。

里奇已经说过，他要在第一个月结束后给表现出色的海龟每人一个 100 万美元的交易账户。他也提醒过我们，班里的许多人可能拿不到这个金额的交易账户，但如果能证明自己的能力，也有可能拿到一个更大金额的交易账户。结果，班里只有几个人足额拿到了里奇所承诺的 100 万美元交易账户，因为里奇对他们执行系统的能力有信心。其他很多人只得在接下来的几个月中继续用我们在 1 月所使用的那个小账户交易。

令我惊喜的是，里奇给了我一个 200 万美元的交易账户。显然，他喜欢我处理民用燃料油交易的方式。

第四章
像海龟一样思考

优质的交易无关结果的好坏，只代表正确的决定。如果你想成功，必须把眼光放长远，忽视个别交易的个别结果。

在目睹了海龟们的成功之后，许多交易者和投资者得出了这样一个结论：理查德·丹尼斯打赢了与比尔·埃克哈特的那个赌，证明了交易技巧是可以传授的。对此，我不敢苟同。我认为他们打的这个赌是以平局收场的。

人们并不知道，比起表现最出色的那些海龟，有许多海龟（可能有 1/3 到 1/2）逊色不少，甚至根本算不上成功。所以，尽管在第一个月和此后的实践中积累了经验的海龟大多都成了优秀的交易者，但也有一些人带着失败的记录离开了海龟计划。最强者和最弱者的区别就在于他们的个人心理特征。有些人比其他人更容易接受海龟交易法则，这说明，尽管交易技巧可以传授给大多数人，但还是有些人比其他人更适合做一个交易者。

要了解一个优秀的交易者，你必须了解他的情感特征对交易行为有什么样的影响。你如果天生就具备那些素质，就会更容易学会正确的交易方式。如果你不是那种天赋异禀的人，你就必须培养这些素质。这是你的首要任务。那么，哪些是一个优秀交易者应该具备的素质呢?

避免结果偏好

好的交易者考虑的是现在，而避免对未来考虑过多。新手则想预见未来：如果他们赢了，他们会认为自己预测对了，感觉自己像个英雄；如果他们输了，他们会把自己当成傻瓜。这是错误的。

海龟们不在乎预测是对还是错，他们只在乎赚不赚钱。他们不会扮演能预见未来的先知，也不会瞄一眼市场就大言不惭地说："金价就要上涨。"对于未来，他们认为细节是不可知的，但特征是可以预测的。换句话说，你不可能知道一个市场会上涨还是会下跌，也不可能知道一个趋势会马上结束还是会在两个月后结束，但你确实可以知道趋势即将出现，知道价格变动的规律不会变，因为人类的情感和认知特征是不会变的。

事实上，如果你大多数时间都是错的，赚钱反而容易得多。如果你的大多数交易都是赔钱的，这说明你并没有试图预测未来。正因为如此，你不会在乎个别交易的个别结果，因为你已经知道任何一次交易都有可能赔钱。如果你有这种心理准备，你就应该明白，个别交易的结果不能代表你的智力水平。简单地说，要想获胜，你必须让你的思维摆脱结果偏好的影响。个别交易的结果如何是无关紧要的。如果你连续赔了 10 次却仍然能够坚持你的策略，那么你做得很不错，只是运气有点儿差罢了。

避免近期偏好

颇有讽刺意味的是，大多数交易者不仅对未来考虑过多，对过去同样考虑过多。他们会念念不忘过去所做的事，过去所犯的错误，还有过去那些失败的交易。

海龟们会从过去的经历中吸取经验教训，但不会为过去而烦恼。他们不会为过去所犯的错误而责备自己，也不会对过去的失败耿耿于怀。他们知道这只是游戏的一部分。

海龟们会从整体的角度观察过去，不会特别重视近期的事件。最近一段时期并不比历史上的任何时期更重要，只是会给人这种感觉罢了。海龟们会避免近期偏好。他们知道市场中的大多数交易者都有近期偏好，正因如此，市场往往会印证这种倾向。避免近期偏好是成功交易的一个重要部分。

在海龟计划结束多年后，我亲眼见证了近期偏好的危害。海龟计划结束后，每一个海龟都要等上 6 年才能把我们的方法告诉别人，因为我们的保密协议还有 6 年才到期。我有几个好朋友对我们的方法非常感兴趣，因为他们知道这个系统对我来说是多么有效。

1998 年，我把我的方法教给了一个朋友，同时提醒他坚定不移地执行系统的要求是成功的关键。我告诉他，他必须在所有交易中都严格遵照我们的策略，否则他不会成功。结果呢？结果他成了近期偏好的牺牲品。

1999 年 2 月前后，我问他可可交易做得怎么样了，因为我已经注意到可可市场出现了一个很大的向下趋势。他告诉我他没有做可可交易，因为他已经在可可交易上赔了太多的钱，他觉得这种交易的风险太大了。那么，让我们来看看表 4–1：如果你用突破法做可可交易，那么从 1998 年 4 月一直到那个大趋势出现，你的交易记录就会如表中所示。请注意，在 1998 年 11 月的那个大获成功的交易之前，有连续 17 个交易是赔钱的。

这是交易市场中的一种典型情况。如果你只考虑某个特定时间的某个市场，形势也许会显得惨淡无比。在某些市场，你也许要等上几年才能等到一个好趋势。如果你过于看重近期的情况，你也许会错误地认为这些市场是不能碰的。

表 4-1　1998 年可可市场突破法交易

序号	头寸单位	入市时间	头寸	价格（美元）	每一头寸单位的合约数量	退出价格（美元）	利润率（%）	利润（美元）	利润总额（美元）
1	1	4 月 27 日	L（多）	2 249	6	2 234	（2.4）	（1 197）	
2	1	5 月 6 日	L L	2 261	6	2 246	（2.1）	（1 026）	
3	1	5 月 12 日	L L	2 276	6	2 261	（2.2）	（1 036）	
4	1	5 月 14 日	L L	2 283	6	2 268	（2.4）	（1 133）	
5	1	6 月 23 日	S（空）	2 100	6	2 114	（2.3）	（1 061）	
6	1	6 月 25 日	S	2 094	6	2 108	（2.4）	（1 053）	
7	1	6 月 29 日	S	2 085	6	2 099	（3.0）	（1 317）	
8	1	7 月 15 日	S	2 070	6	2 084	（2.5）	（1 066）	
9	1	7 月 27 日	S	2 069	5	2 083	（1.9）	（777）	
10	1	8 月 3 日	S	2 050	5	2 064	（2.7）	（1 104）	
11	1	8 月 13 日	S	2 036	6	2 049	（2.2）	（848）	
12	1	8 月 17 日	S	2 024	6	2 036	（3.0）	（1 155）	
13	1	8 月 24 日	S	2 024	6	2 035	（2.4）	（874）	
14	1	9 月 16 日	S	2 014	5	2 026	（2.1）	（756）	
15	1	10 月 1 日	S	1 979	5	1 992	（2.4）	（845）	
16	1	10 月 13 日	S	1 976	5	1 988	（2.2）	（779）	
17	1	10 月 28 日	S	1 967	5	1 979	（2.1）	（722）	（16 750）
18	1	11 月 6 日	S	1 961	5	1 438	75.0	24 940	
19	2	11 月 20 日	S	1 918	6	1 928	（2.4）	（799）	
20	2	11 月 24 日	S	1 903	6	1 914	（3.0）	（975）	
21	2	11 月 30 日	S	1 892	5	1 903	（2.7）	（834）	

续表

序号	头寸单位	入市时间	头寸	价格（美元）	每一头寸单位的合约数量	退出价格（美元）	利润率（%）	利润（美元）	利润总额（美元）
22	2	12月8日	S	1 873	5	1 438	67.2	20 575	
23	3	12月21日	S	1 824	5	1 836	（3.5）	（1 075）	
24	3	1月4日	S	1 808	5	1 820	（2.4）	（709）	
25	3	1月15日	S	1 798	4	1 438	46.7	13 468	
26	4	1月25日	S	1 748	4	1 760	（2.1）	（608）	
27	4	1月27日	S	1 742	4	1 754	（2.1）	（605）	
28	4	2月8日	S	1 738	7	1 438	42.8	19 275	55 903

我的朋友并不是一个特例。大多数交易者都会被近期偏好折磨。在海龟计划进行期间，有些海龟受这种偏好的影响实在太大，以至从未尝过胜利的滋味，最终被淘汰出局。颇有讽刺意味的是，似乎正是在其他所有人都放弃之后，趋势才会出现，而且往往可以被轻松把握，使人大有斩获。我们会在第十三章的投资组合和市场分析部分更详细地谈论这种现象。

避免预测未来

我们已经说过人类的认知偏差对交易者的影响。有三种偏差是你必须不惜一切代价去克服的，那就是近期偏好、结果偏好以及预测未来的冲动。

要克服第三种偏差，你必须从概率的角度考虑未来，而不是摆出一副预测的架势。我的朋友们听说了我在海龟计划中的成绩后，总是没完没了地问我某一个市场下一步会向哪个方向变化。每一个人都想当然地认为，既然我是一个著名的培训小组的成员，而且已经在期货交易中赚了几百万美元，我肯定对未来有成竹在胸的判断。我的标准答案当然令他们大跌眼镜："我不知道。"事实上，我确实不知道。当然，我可以瞎猜一通，但我对自己预测市场的能力可是没有半点儿信心。事实上，我一直在有意地克制自己，从不去试着预测市场的未来动向。

遗憾的是，除非你碰巧是某个保险公司的精算师，否则你一般不会从概率的角度思考问题。人们会考虑一件事是可能发生还是不可能发生，但从不会考虑它发生的概率，这就是保险公司对不确定性风险提供保险的原因。一场飓风把你的房子夷为平地就是这样一种风险。如果你住在热带海洋附近，那么你的房子受到飓风影响是有一定可能的，房子被强大的飓风损坏的概率则要稍小一点儿，飓风强大到足以把你的房子彻底摧毁的概率就更小了。

如果你知道你的房子 100% 会被飓风摧毁，你当然不会去买保险，而是肯定会搬家。幸运的是，这个概率不到 100%，远远不到，所以你决定留下来，再买上一份房屋保险。

提供飓风灾害险的保险公司对概率问题可是颇有研究，在给这类保险计划定价的时候，它对飓风可能对处于你这个位置的房子造成多大程度的损害是心中有数的。这就是保险公司赚钱的秘诀：保险公司卖保险的收入大于潜在的理赔成本。

在这一点上，交易与保险非常相似。交易中充满了不确定性。你不知道一笔交易会不会赚钱，你充其量只能相信，从长期来看，你的回报将大于你的风险水平。

从概率角度考虑问题

很多人都在高中或大学里学过概率论和统计学课程。毫无疑问，你可能看过像图 4–1 这样的分布图。

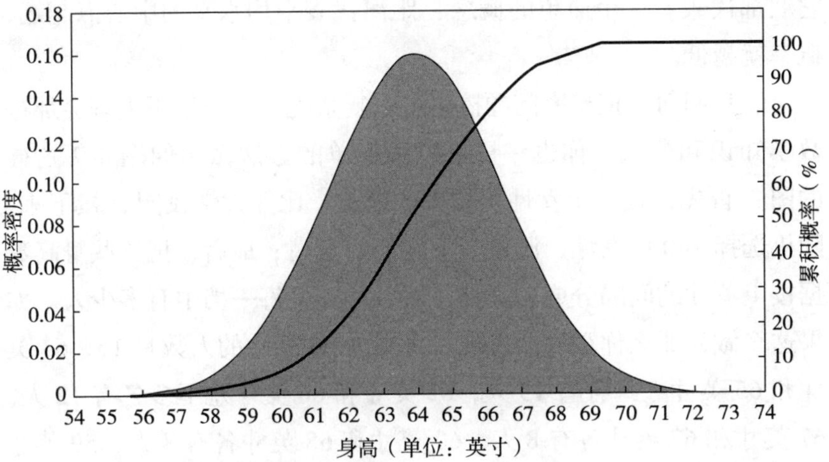

图 4-1　女性身高的正态（高斯）分布

图 4–1 就是一个正态分布图。这个图反映了女性身高的分布状况。横轴是以英寸为单位的身高值，左右两个纵轴分别代表以下两种概率：

1. 概率密度：阴影区域与左侧的刻度相对，它表示特定身高值所对应的概率。根据这张图，女性的平均身高是 64 英寸。一位女性的身高接近这个平均值的概率较大，离这个平均值越远，概率越小。图中央的最高点就是最大的概率，两侧较低的区域代表较小的概率。比如，70 英寸处的曲线高度比 68 英寸处低很多，这说明一位女性身高达到 70 英寸的概率比达到 68 英寸的概率小得多。

2. 累积概率：图中的实线与右侧的刻度相对，从零一直延伸到 100%。它表示一位女性的身高不高于某个水平的概率。比如，这条实线在 70 英寸左右的身高水平上升到了几乎 100% 的程度。确切数值是 99.18%，这意味着只有不到 1% 的女性身高能达到 70 英寸以上的高度。

这张图和其他类似的分布图都是用复杂的数学公式算出的，但它们都代表着一个简单的概念：距离代表平均水平的中心点越远，概率就越低。

但我们何必把概率问题搞得这么复杂呢。就算你不去理会那些数学知识和公式，你也一样可以用简单的方法做出像图 4-1 这样的图：首先，找一个女性比较多的地方，比如大学校园；接下来，随机选择 100 位女性，测量一下她们的身高；最后，把这些身高数据按 1 英寸的间隔分成若干档，然后算一下每一档中有多少人。如果这么做，那么你很可能发现，身高为 64 英寸的人数是 16，63 英寸和 65 英寸大约各有 15 人，62 英寸和 66 英寸差不多各有 12 人，61 英寸和 67 英寸各有 8 人，60 英寸和 68 英寸各有 8 人，59 英寸和 69 英寸各有 2 人，58 英寸和 70 英寸各有 1 人。

如果你根据每一个特定身高值所对应的人数做出一个柱状图，这个图会是图 4-2 这样的：

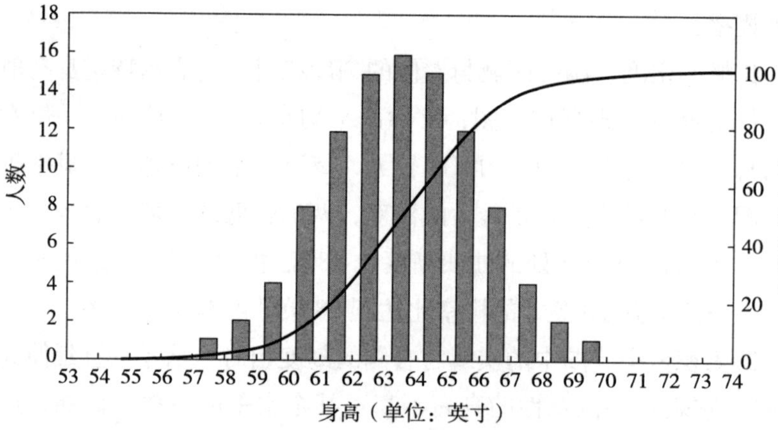

图 4-2　女性身高分布的柱状图

图 4-2 这样的图被称为柱状图。它反映了某个特定指标值和其他相近指标值的出现频率（在本例中，这个指标是女性的身高）。

图 4–2 的柱状图与图 4–1 的正态分布图大同小异，但简便之处是你不需要用复杂的数学公式也可以做出这样的图，只要你会数数和归类就行了。

这一类柱状图也可以从你的交易系统中得出，让你对未来的市场走势有一个基本的概念；它可以帮助你从概率的角度思考问题，而不是去预测些什么。图 4–3 就是这样一个柱状图，它是对一个简化版的海龟系统——唐奇安趋势系统的一次 20 年间月度回报率的测试结果。除了比海龟系统更简单，这个系统的表现也优于海龟系统。

图 4–3 中的柱状图按 2% 的横向间隔分为多档。一个个条柱代表相应档所对应的月数：比如，右半边左数第一个条柱表示回报率在 0~2% 的月份共有多少个，第二个条柱代表回报率在 2%~4% 的月份共有多少个，依此类推。图 4–3 的形状类似上面的女性身高柱状分布图。不过请注意，二者有一个显著的差别：这个图的形状向右侧延伸了较长的距离。这段延伸代表的是业绩较好的月份，在统计学上也被称作歪斜，或者肥尾。

图 4–4 中的柱状图则代表这些交易本身的分布状况。左侧部分是赔钱的交易，右侧部分是赚钱的交易。注意，每一个部分都有两种纵向刻度，一种是左右两端的数量刻度，另一种是中间的百分比刻度，范围是 0~100%。图中的两条累积分布曲线从中部分别向左右两侧延伸，一直上升到 100%。

在左右两端的数量刻度上，每一格代表赔钱或赚钱交易的 20%。比如，左端数量刻度的第五格代表 3 746 笔赔钱的交易，占所有赔钱交易的 100%。这意味着在 22 年的测试周期内共有 3 746 笔赔钱的交易。在右侧的图中，赚钱交易共有 1 854 笔，占赚钱交易的 100%。

图中的条柱代表不同 R 乘数的交易各有多少。R 乘数就等于一笔交易的利润除以这笔交易的风险投入，这个概念由交易者查克·布兰斯科姆提出，是在不同系统和不同市场间比较交易结果的一种简易方式。（范·撒普在《通向财务自由之路》中推广了 R 乘数的概念。）

举个例子。如果你以每盎司 450 美元的价格买了一份 8 月的黄金合约，止损退出价位是 440 美元，那么你的风险投入是 1 000 美元，因为 450 美元与 440 美元之差（10 美元）乘以一份合约所代表的黄金数量（100 盎司）等于 1 000 美元。如果这笔交易赚了 5 000 美元，那么它就是一笔 5R 交易，因为它的盈利是风险投入（1 000 美元）的 5 倍。在图 4–4 中，赚钱的交易按 1R 的间隔分为不同档，赔钱的交易按 1/2R 的间隔分为不同档。

在图 4–4 中，赔钱的交易远多于赚钱的交易，这看起来或许有点儿奇怪，但实际上这是趋势跟踪系统的一个非常正常的现象。然而，尽管赔钱的交易有很多，但这个系统能保证大多数赔钱交易的损失额都接近正常水平，也就是 1R 的入市风险。相比之下，赚钱交易的利润却远大于入市风险，有 43 笔交易的回报在入市风险的 10 倍以上。

这对海龟思维有什么启示呢?

海龟们永远不会知道一笔交易最后会赚钱还是赔钱。我们只知道交易结果大致的概率分布形状——形状与上面几个图非常类似。我们认为，每一笔交易都有可能赚钱，但更大的可能性是赔钱。我们也知道，有些交易会得到 4R 到 5R 的中等回报，有些则会迎来 12R、20R 甚至是 30R 的大捷。但最终看来，胜利的成果足以弥补失败的损失，我们总会盈利。

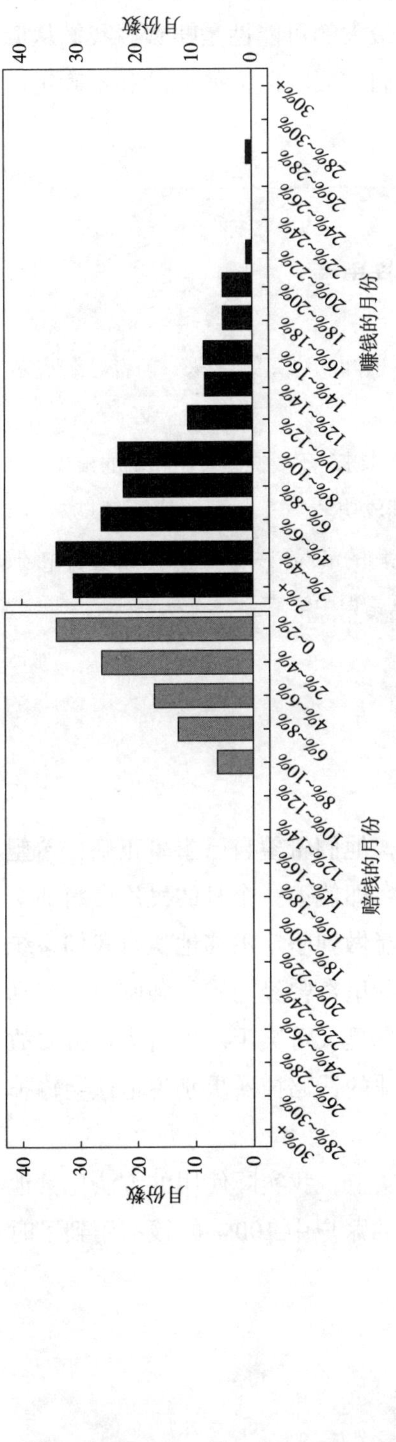

图 4-3　月度回报分布图

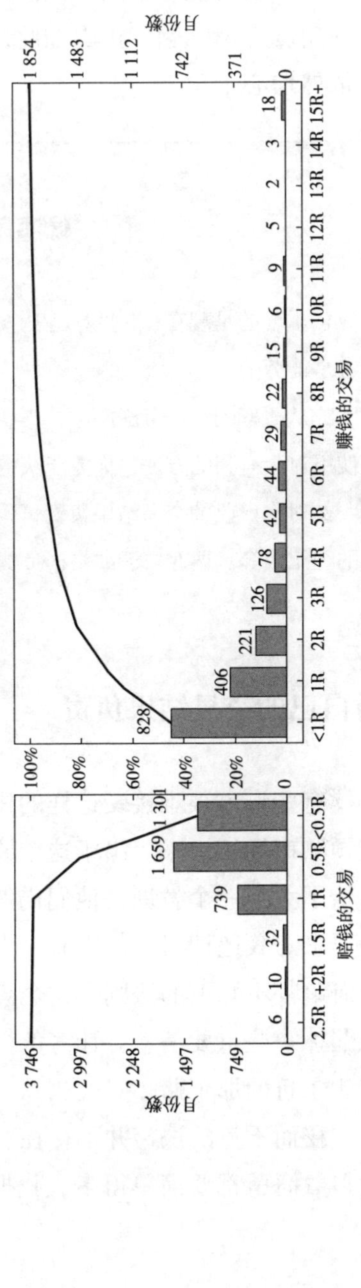

图 4-4　由 R 乘数表现的交易结果分布图

因此，当我们进行一笔交易时，我们不会根据这笔交易的结果来评判自己的能力，因为我们知道最大的可能性是赔钱。我们从概率的角度考虑问题，正因如此，我们在面临巨大的风险和不确定性时依然信心十足。

像海龟一样思考

1. 重要的是现在：不要对过去念念不忘，也不要预测未来。前者对你无益，后者是徒劳的。

2. 从概率的角度考虑问题，不要预测未来：不要试图做出正确的预测，唯有使用对你有利的方法，你才能获得长期成功。

3. 对你自己的交易结果负责：不要把你的错误和失败归咎于其他人、市场、你的经纪人等。要对自己的错误负责，从错误中学习。

对自己的交易结果负责

有些海龟很难接受这样的概念，他们希望自己事事正确，希望能预测市场的未来。出于这个原因，即使第一个月的民用燃料油交易给了大家一个教训，他们仍然不能做到坚定不移地执行我们系统的要求。我还记得，甚至有个人怀疑里奇曾经向我单独密授一些别的海龟都不知道的法则。这个想法真是太可笑了。里奇为什么要故意漏掉一些重要信息，让海龟们把他的钱赔掉？更别说他还会输掉与比尔打的那个赌。

秘而不宣的诀窍并不存在。事实上，我实际使用的方法比其他大多数海龟都要简单得多。我把我的账户中 100% 的钱都用到了时间跨度较长的 10 周突破系统上。这意味着我的交易次数更少，对市场的监控也更少。我当然没有做什么非同寻常的事，也没有依赖什么未曾公开的信息。

对我们这位多疑的海龟来说，要给自己在海龟计划期间的不佳表现找个借口，说里奇漏掉了某些重要的秘诀无疑是最简单的方式。这是交易世界中的一个常见问题，也是生活中的一个常见问题。许多人喜欢把自己的失败归咎于其他人，或者归咎于不受自己控制的外部环境。他们会责怪每一个人，除了他们自己。不愿对自己的行为及其造成的结果负责，也许就是导致他们失败的首要原因。

交易世界是粉碎这个坏习惯的好地方。说到底，交易只是你和市场之间的事，你在市场面前无所隐瞒。如果你做得很好，长期下来你会看到好的结果。如果你做得很糟糕，长期下来你会赔钱。但是，尽管交易者的行为和成果之间存在这种显而易见也不可避免的联系，还是有些人试图将失败怪到市场头上。他们不是对自己的错误负责，而是幻想出了一幕幕诡异的场景，怀疑有一群“专家”或另外某个神秘的交易者团伙合谋偷走了他们的钱。

当然，在任何时候都会有很多交易者试图把你的钱卷走，但我从没见过这些人凭空想象出的那种大规模的合谋或欺诈。这类人总是把自己的错误归咎于市场、经纪人或其他市场参与者。

交易是由你主导进行的，你应该对结果负责。不要责怪任何人给了你坏的建议，也不要责怪任何人没有把秘诀告诉你。如果你做了愚蠢的事，你就要从错误中学习，不要装作没有犯错，然后，想办法避免再犯同样的错误。

喜欢推卸责任的人必败无疑。

第五章
发现系统优势

能否掌握优势是区分专家与业余人士的关键。忽视了这一点，你就会输给那些没有忽视这一点的人。

所谓成功的交易，无非就是在低点买入，然后在高点卖出，或者在高点卖空，然后在低点买回平仓。在决定何时入市的时候，新手采用的方法大多类似撞大运。在老练的交易者们看来，他们的方法没有优势可言。优势这个词借鉴自赌博理论，原本是指赌场掌握的统计学优势，它也指 21 点玩家可能通过记牌而获得的优势。在赌局中，如果你没有优势，那么从长期来看你肯定会输。

交易世界也是如此。如果你没有优势，交易的成本就会让你赔钱。佣金、成交价偏差、电脑成本、交易费和数据费会飞速膨胀。交易中的优势是指一种可以利用的统计学优势，它以市场行为为基础，而这些市场行为是会重复发生的。在交易世界中，最好的优势来自人类认知偏差导致的市场行为。

系统优势的三大要素

要找到优势，你需要找准入市点，在这个点上，市场在理想的时间范围内向某个特定方向变动的概率要大于正常概率。然后，你还要为这个入市点设计一个退出策略，这样你才能从期望的变动趋势中获利。简单地说，要想让优势最大化，入市策略和退出策略必须配对。因此，趋势跟踪入市策略可以与多种不同类型的趋势跟踪退出策略配对，反趋势入市策略可以与多种不同类型的反趋势退出策略配对，波段交易入市策略可以与多种不同类型的波段交易退出策略配对，等等。

为了理解这一点的重要性，让我们看看一个系统的优势是由哪些要素构成的。系统优势来自三大要素：

- **资产组合的选择：**决定应该进入哪些市场的运算系统。
- **入市信号：**决定什么时候开始一笔交易的运算系统。
- **退出信号：**决定什么时候退出一笔交易的运算系统。

某个入市信号有可能在短期内拥有显著的优势，但在中期或长期内却没有优势。反之亦然，某个退出信号有可能对长期系统来说有优势，但对短期系统来说则没有。几个实例有助于我们理解这种效应。

优势比率

当某种特定的市场行为发生时，系统会发出入市信号。当你检验入市信号时，你需要关注的是伴随这种市场行为而来的价格变动。我们可以把这种价格变动分为两个部分：好的变动和坏的变动。

好的变动就是对你有利的变动。换句话说，如果你买入，市场价格上涨就是好的变动，市场价格下跌就是坏的变动；而如果你卖空，市场价格下跌就是好的变动，市场价格上涨就是坏的变动。举一个例子：买入之后，市场首先向坏的方向变动，也就是价格下跌了；然后，市场反弹，价格上扬到了一个新的高度，比最初的买入价还要高；接下来，市场再度转折，价格开始下跌，如图 5–1 所示。

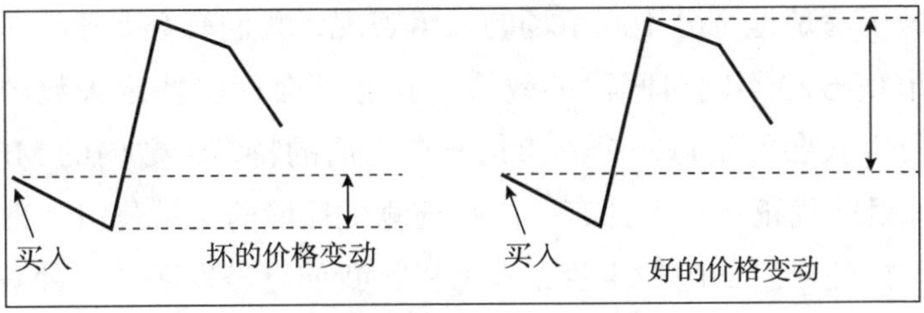

图 5–1　好的变动与坏的变动

交易者把往坏方向变动的最大变化幅度称为 MAE（maximum adverse excursion，最大不利变化幅度），把往好方向变动的最大变化幅度称为 MFE（maximum favorable excursion，最大有利变化幅度）。图中的双箭头线标明了这次价格变动的 MAE 和 MFE。在这个例子中，MFE 远大于 MAE。

你可以用这些概念直接衡量一个入市信号的优势。观察一个入市信号的价格变动，如果好方向的平均最大变化幅度大于坏方向的平均最大变化幅度（也就是平均 MFE 高于平均 MAE），说明存在正的优势。如果平均 MAE 高于平均 MFE，则说明存在负的优势。可以说，一个真正随机性的入市策略会带来幅度大致相等的好变动和坏变动。比如，如果你用掷硬币的方式来做出买卖决定，正面朝上就买入，背面朝上就卖出，那么在你入市之后的价格变动中，MFE 与 MAE 应该相等。

这只是思考入市优势的一种方式，为了把它转化为一种实实在在的衡量入市信号优势的方法，我们还得加上几个步骤。首先，你要想办法让各个不同市场的价格变动具有可比性。其次，你要决定衡量哪一时期的平均 MFE 和 MAE。只有把不同市场的 MFE 和 MAE 标准化，比较这些平均值才是有意义的。为此，你可以借用海龟用来将不同市场的交易规模标准化的方法：用 ATR（真实波动幅度均值）将它们统一化。

为了清楚地区分不同市场的入市表现，我们有必要比较一下一个入市信号在不同时间段的效果。我通常会检验特定天数内的情况，所以我会衡量每一个入市信号产生后的特定天数内的 MFE 和 MAE。目前我正在一家拥有一流系统测试环境的交易公司（Trading Blox）担任研发部门的主管，在那里，我们已经发明了一种被称为 E- 比率（优势比率的简称）的入市优势衡量指标。这个 E- 比率通过以下公式将上述所有要素结合起来：

1. 为每一个入市信号计算指定时间段的 MFE 和 MAE。

2. 将上述各 MFE 和 MAE 分别除以入市时的 ATR，这是为了根据波动性做出调整，将不同市场标准化。

3. 将上述调整后的 MFE 和 MAE 分别求和，然后除以入市信号的总次数，得出调整后的平均 MFE 和 MAE。

4. 调整后的平均 MFE 除以调整后的平均 MAE 就是 E- 比率。

为了说明时间问题，我们会在 E- 比率的表达式中注明天数，也就是计算 MFE 和 MAE 的时间段。比如，E10- 比率用的是 10 天内的 MFE 和 MAE，包括入市的那一天；E50- 比率用的是 50 天内的 MFE 和 MAE，依此类推。

E- 比率可以用来衡量一个入市信号是否具有优势。比如，你可以用它来检验一个完全随机性的入市策略是否有优势。举例如下：

我用一个随机性的入市策略对过去 10 年内的 E- 比率进行了检验，这个入市策略能根据电脑的随机处理结果（相当于掷硬币）决定在开盘时做多还是做空。30 次检验的平均结果显示，E5- 比率是 1.01，E1- 比率是 1.005，E50- 比率是 0.997。正如我们所料，这些数字非常接近 1.0，而且如果我们增加实验次数，这些数字就会越来越接近 1.0。原因很简单：对一个头寸来说，在任何一个合理的时间范围内，价格既有可能向好的方向变化，也有可能向坏的方向变化，两者的概率分别是 50%。

你也可以用 E- 比率检验唐奇安趋势系统的主要要素。这个系统的入市策略有两大要素，一个是唐奇安通道突破法则，另一个是趋势组合过滤器。根据唐奇安通道突破法则，你应该在价格突破过去 20 天内的最高点时买入，在价格跌破过去 20 天内的最低点时卖空。而趋势组合过滤器规定，你只能在 50 日均线高于 300 日均线的市场中做多，在 50 日均线低于 300 日均线的市场中做空。如果一个市场的状态对系统不利，趋势组合过滤器就会把这个市场剔除。

让我告诉你如何用 E- 比率来检验唐奇安趋势系统的入市法则。下面所说的所有检验结果都是以 28 个高容量的美国期货市场为样本，采用的是 1996 年 1 月 1 日至 2006 年 6 月 30 日的数据。

我们这个样本的 E5- 比率是 0.99，E10- 比率是 1.0。“等等，”你可能会说，“如果一个入市策略有正的优势，那么 E- 比率应该大于 1 才对啊。”确实如此。但是，请不要忘了唐奇安趋势系统是一个中期的趋势跟踪系统，所以它的入市策略在中期内才能体现出优势，而不是短期。简单地说，一个入市策略的优势只有在这个策略所对应的时间跨度内才能体现出来。

我们这个入市策略的 E70- 比率是 1.20。这意味着，对 20 日突破法交易来说，入市信号出现之后 70 天内的平均有利变化幅度比平均不利变化幅度大 20%。

图 5-2 反映了 20 日突破系统在不同时间跨度内的优势比率。一开始，优势比率小于 1.0，这表明短时间内的不利变化幅度一般来说要大于有利变化幅度。这就是突破法交易者很难克服心理障碍的原因之一。也正是由于这个原因，你可以利用反趋势交易策略来赚钱，寄希望于突破趋势不会维持下去，转而出现支撑或阻力机制下的反弹。

接下来，优势比率开始稳步攀升，但仍然在 1.0 以上的区域不规则地上下波动。这表明优势为正，但也很难精确地将它量化。

趋势组合过滤器

资产组合的选择标准对唐奇安趋势系统的优势有什么影响？你可以用两种方法检验。第一，你可以看看趋势组合过滤器对一个纯随机性入市策略的优势有什么影响，然后拿这个结果与 1.0 比较。因为在没有任何过滤的情况下，随机性策略的基本优势比率应该是 1.0。第二，你可以把趋势组合过滤器与我们的入市信号结合起来，看一看趋势组合过滤器对我们的入市信号的优势比率有什么影响。

通过检验 7 万个结合了趋势组合过滤器的随机入市信号，我们得到了高达 1.27 的 E70- 比率，比入市信号本身的 E70- 比率还要高。这明显说明，这个资产组合选择法则能够增强系统的优势。

使用趋势组合过滤器大大提高了突破法交易获得理想结果的可能性。在我们这个例子中，E70- 比率从 1.20 变成了 1.33。另外，如果将趋势组合过滤器与突破法相结合，优势比率曲线图的形状就会改变，而且会变得更加平滑（见图 5-3）。

请看图 5-3，在我们加入趋势组合过滤器之后，图形变得高了很多，也平滑了很多。图中可见，E120- 比率达到了 1.6 左右。

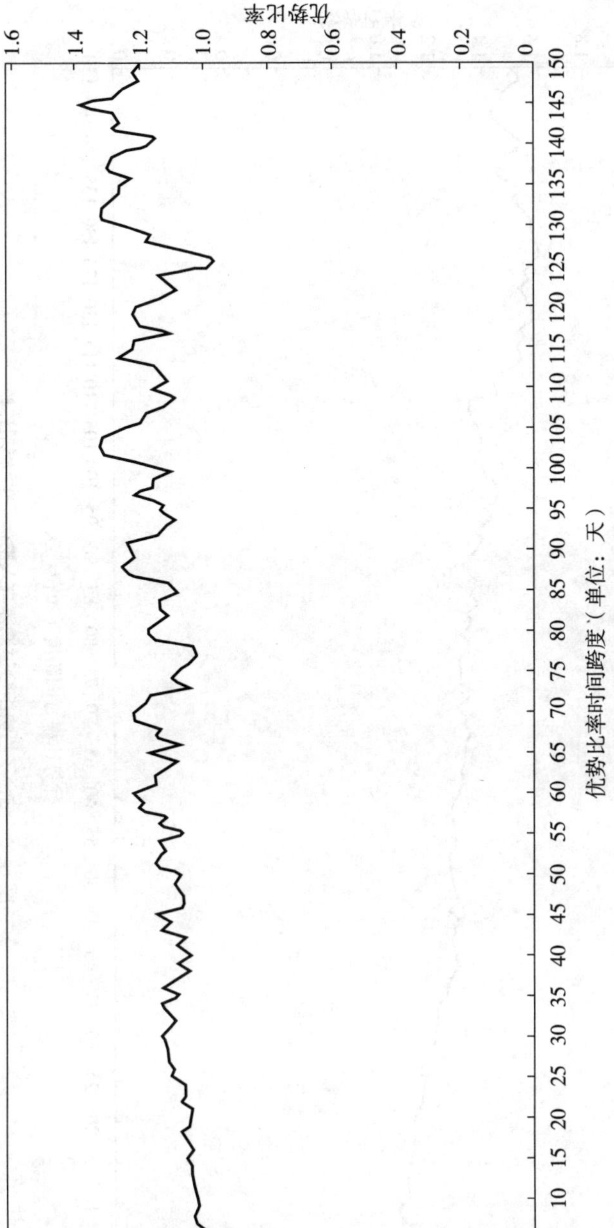

图 5-2　不同时间跨度的优势比率

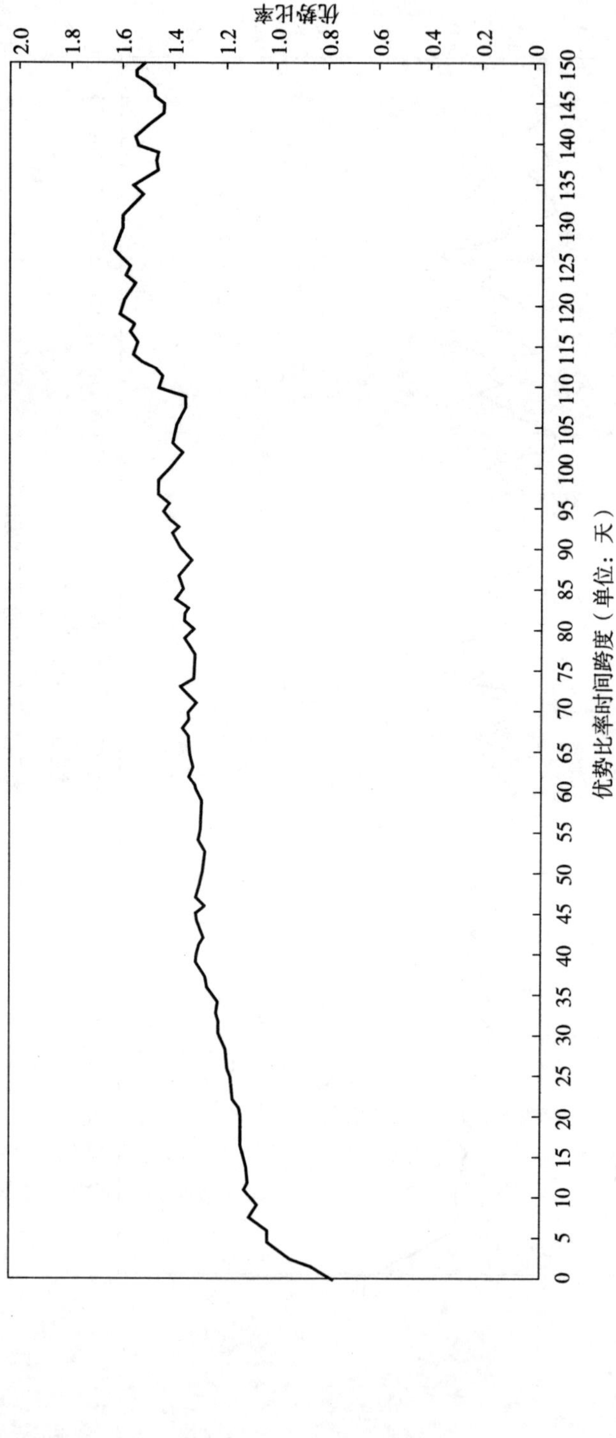

图 5-3 结合了趋势组合过滤器与入市信号的优势比率

之所以如此，是因为与长期趋势相违背的突破法交易都被剔除了。许多对初始头寸不利的重大变动都是由这些交易造成的，因为与一个大趋势方向相反的突破很难长时间维持下去。这些突破的发生也说明市场正处于一种不利于唐奇安趋势系统的状态中。

退出策略的优势

如果有可能的话，系统的退出策略也应该有优势。遗憾的是，衡量退出策略的优势更不容易。这是因为退出策略与入市策略和退出信号都有关系。换句话说，你不能抛开最初建立一个头寸的缘由而去单独考虑退出策略。这里面有不只一个系统要素，而是有多个不同要素，而且它们之间有着错综复杂的交互作用。

既然这个系统非常复杂，那么与其关心退出策略的优势，不如多注意退出策略对一个系统本身的衡量指标有哪些影响。因此，你最好根据那些最重要的衡量指标来判断一个退出策略的效果，而不是简简单单地观察退出之后的变化。

另外，当你考虑入市策略时，你所关心的实际上是入市之后会发生什么，因为入市只是赌局的开始。只有进入市场，交易者才能赚钱。退出策略就不同了。退出之后所发生的事对你的成果毫无影响，有影响的只是退出之前所发生的事。出于以上原因，你应该根据退出策略对系统整体表现的影响来评判它。

第六章
寻找交易时机

优势是在买家和卖家之间的战场上出现的。作为一名交易者，你的任务就是找到这些战场，静观谁胜谁败。

交易优势来源于交易者的认识分歧和认知偏差，来源于经济学家的错误信念——市场参与者是理性的。实际上，市场参与者不是理性的。我们曾在第二章从理论层面讨论了认知偏差如何创造交易机会。在本章，我们将用实际数据来更深入地谈谈这个问题。

支撑和阻力

对几乎所有的交易策略来说，支撑和阻力都是一个基础概念。所谓支撑和阻力，就是指价格有一种不突破前期水平的倾向。要理解这个概念，最简单的办法就是看看价格走势图（见图 6–1）。

支撑和阻力来源于市场行为，而这些市场行为则来源于三种认知偏差：锚定效应、近期偏好以及处置效应。

锚定效应是指依赖轻松可得的信息判断价格水平的倾向。一个近期价格的新高或新低变成了一个新的锚，之后的每一个价格都要根据这个锚来衡量和比较。新价格是高还是低，完全取决于它是高于还是低于锚定价。近期的高点或低点之所以会成为锚定价，是因为它们在图表上一眼可见，在心理上对市场参与者有重大影响。

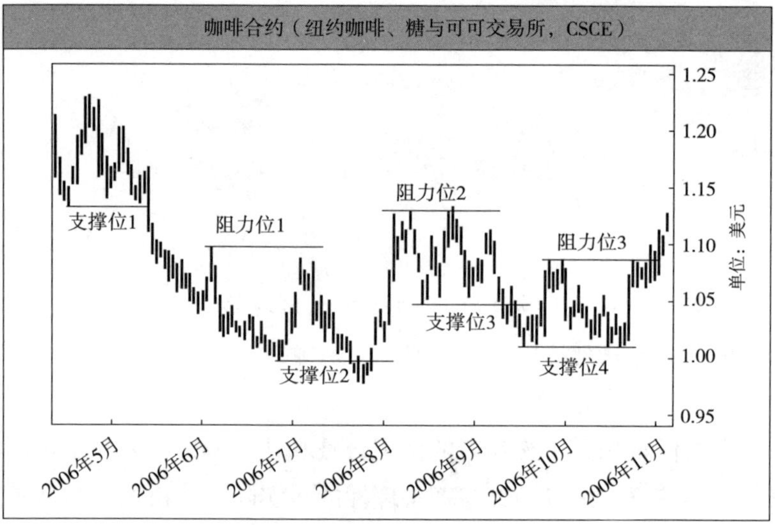

图 6-1　支撑位与阻力位

请看图 6-1，在“支撑位 1”的标记处，一个大约 1.13 美元的低价在出现之后马上成了新的锚，当价格在接下来的几天内攀升到 1.20 美元时就更不用说了。它是图上的一个低点，无论对短期当日交易者还是长期头寸交易者来说都很醒目。当价格在 1.23 美元左右触顶后回落至 1.15 美元左右时，交易者仍然在钉着近期的上一个低点 1.13 美元。在价格处于 1.15 美元的水平时，他们会认为价格较低，但还不算太低，因为还高于 1.13 美元的锚定价。

近期偏好是指人们更重视近期数据和经验的倾向。当交易者评判现价时，由于 1.13 美元的低价是近期出现的，它对交易者的影响要大于其他早期低价。由于近期偏好的作用，这个近期低价对市场参与者来说更为重要。那么,这两点对支撑和阻力有什么影响呢?

假设你是一个想买咖啡合约的交易者。当价格刚刚降到 1.13 美元时，你可能希望它继续下跌，因此并没有在这个价位买入。当价格在接下来的几天内一路上升到 1.23 美元时，你开始后悔自己没有在 1.15 美元以下时买入，因为你已经开始锚定近期的 1.13 美元的低价——这个价位已经成了“低”价的参考标准。因此，当价格在几天后跌破 1.15 美元时，你很有可能出手买入，尽管这个价格在短短几天前也曾出现过。在锚定效应和近期偏好的共同作用下，你会认为任何低于 1.15 美元的价格都是低价，因此是买入的好时机。由于有很多市场参与者都把低于 1.15 美元的价格看成理想的价格，那么只要下跌趋势在 1.15 美元之下稍有停顿，立刻就会有更多的交易者入市。正是在支撑位和阻力位涌入大批新来者，造成了市场价格在前期高点和低点水平反向变动。

大多数交易者都相信支撑和阻力的存在，这又进一步加强了支撑和阻力，因为对这种现象深信不疑的交易者反过来会促进这种现象进一步发展。如果有很多交易者相信价格一旦下跌到某个水平就会有大批买入者接盘，那么他们就更容易相信价格跌到这个水平后必然会反弹。这种信念将削弱他们在这个价位卖出的意愿，因为他们更愿意晚些再卖——等价格从这个支撑位反弹后再卖。于是，对支撑和阻力的笃信使它成了一种自我实现的机制。

处置效应是指交易者倾向于早早锁定利润，而不是让利润继续增大。利润越大，交易者就越害怕失去利润。这对支撑和阻力有什么影响呢?

让我们回到图 6–1 ：假设你是一名交易者，你在 8 月初以 1.02 美元的价格买进了咖啡合约——这个时候，标有“支撑位 2”的那段时期刚刚结束。当价格在接下来的几天内蹿升到 1.14 美元时，你可能不会卖，因为价格涨得实在太快，你相信还能继续涨到 1.20 美元或 1.25 美元。随后，当价格下跌到 1.05 美元时，你开始后悔没有在 1.10 美元时卖出。这时候，近期的高点已经开始影响你的思维，你会想："如果价格再次突破 1.14 美元，我一定会卖。"

于是，当价格反弹到这个水平时，你为了锁定利润而卖出。也许还有其他很多持有类似头寸的交易者也想在价格再度反弹到这些近期高点（标有"阻力位 2"的区域）时卖出。这便给这个价位设置了一个天然障碍，因为很多交易者都想趁所谓的"高点"退出。由于 8 月早期达到的高点成了新的锚,此后的价位都根据它来衡量,接近这个锚的价格就被视为高价。因此，越来越多的交易者愿意在价格接近这些高价的时候卖出。

支撑位与阻力位的突破

就像其他许多交易理论一样,支撑和阻力只是一个笼统的概念,而不是一个不容置疑的法则。价格不一定会在前期的高点或低点出现反方向变动，只是有这种倾向而已。价格也不一定精确无误地在某个高点或低点价位开始变动，而是有时会提前一点儿，有时会延迟一点儿，有时则根本不会有变动。

如果一个人采用的是反趋势策略，那么支撑和阻力就是优势的直接源泉。价格在前期高点或低点处反弹的倾向就是反趋势交易者的优势所在。如果支撑位和阻力位坚守不破，以这种机制为依托的反趋势交易者就能赚钱。

相反，如果一个人用的是趋势跟踪策略，那么支撑位和阻力位的突破才是重点。举个例子，请看一看 2006 年 12 月的民用燃料油合约（见图 6–2）的一个支撑位被突破后的情况。

在 6 月中旬，每加仑[1] 2.10 美元的支撑位经受住了第一次考验。价格在 2.10 美元处止跌反弹，随后止步于 2.31 美元——一个新的阻力位。当价格在 2.16 美元的支撑位处反弹后，市场价格再次走高，但仍然无法突破 2.31 美元的阻力位。请注意当价格再次回落到标有“支撑位 2”的水平时发生了什么。这一次，下行趋势稍有停滞，表明有一定的买压，但阵地并没有守住。价格最终跌破了“支撑位 1”——在此之前也有几天的上涨行情，说明在这一点上同样存在一定的买压。

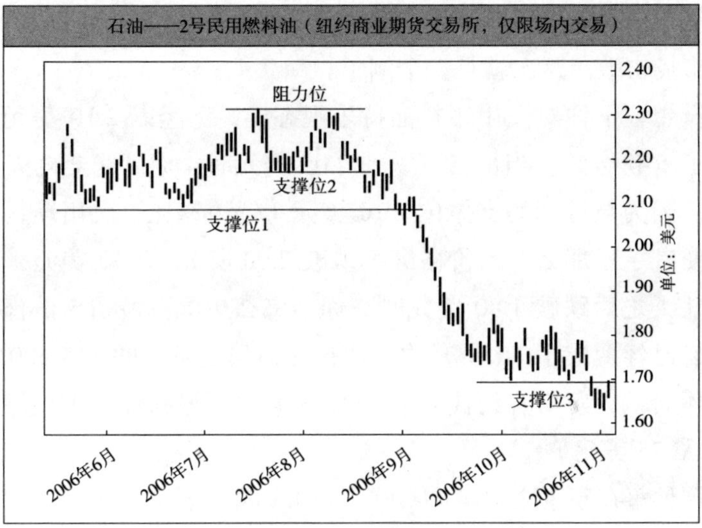

图 6-2 支撑位的突破

最有趣的是接下来的变化——考虑到各路市场参与者的心理起伏，这个变化更富戏剧性。9 月 5 日，收盘价跌破前期最低点，处于 2.05 美元以下。2.05 美元的低点是 8 月 30 日创下的，也就是短

1 1 加仑（美制）≈3.79 升。——编者注

短 3 天前。这意味着，所有在近期做多（也就是买入民用燃料油，期待价格上涨）的交易者都赔了钱。而且，交易者已经看不到有希望提供一点儿支撑的近期价位，也就是说，如果价格下跌，那就很可能是一次大跌。如图 6–2 所示，事实的确如此——价格一泻千里，直到下降到 1.85 美元时才出现一点儿微弱的买盘，或许这是因为 1.85 美元是 7 个月前打下的一个支撑位。但这个防线同样失守，市场并没有复苏的迹象，直到 9 月末到达 1.73 美元的低点。

聪明的反趋势交易者可能已经在 9 月 5 日收盘之前退出，或者在次日一早退出。他们知道，支撑位有些时候能守住，但有些时候守不住。如果支撑位守不住，你最好不要与市场唱对台戏，不然就会被市场击败。这次就是一个例子。

设想一下你对民用燃料油持乐观态度，已经以 2.10 美元的价格买了 5 份合约。当价格下跌到 2.05 美元时，你可能会再买 5 份合约，因为与近期的支撑位 2.10 美元（锚）相比，民用燃料油变得更便宜了。那么，当价格继续跌破 2.00 美元、1.90 美元，然后又在几天之后跌破 1.80 美元时，你会怎么想呢？最初 5 份合约的小交易已经变成了 10 份合约，现在的损失是可怕的 115 500 美元（10 份合约，每份合约代表 42 000 加仑民用燃料油，平均每加仑损失 0.275 美元）。

这种事在新手之中屡见不鲜。当市场骤然转向，突然之间开始不利于他们时，他们会惊慌失措，发现自己站错了队。趋势跟踪者们却得意扬扬，因为他们赌的就是继续下跌的趋势，当市场屡屡创下新低时，他们却在不停地赚钱。

趋势跟踪者的优势就在于：支撑位和阻力位刚刚被打破时其他人往往认知滞后。在这时，人们仍然固守以往的信念，迟迟不肯转变，因此市场的变化速度并不够快，不足以反映新的现实。也正是因为这个原因，统计证据显示，市场在支撑位和阻力位被打破后惯性向前的趋势比其他时候更为显著。

在上面的例子中，一旦价格在“支撑位 1”区域的末尾处跌破最初的支撑位，就不会再有新的买家。如果你想买民用燃料油，但其价格已经跌破 2.05 美元，那么你会在这时候下单吗？不会，你会等待市场止跌。既然价格仍在不停地跌，那何必现在就买呢？但在另一边，随着市场不断下挫，越来越多的人开始慌不择路地抛售，把价格压得越来越低。这个趋势会一直延续下去，直到卖方耗尽能量，而某些想买民用燃料油的人相信价格已经低得不能再低为止。

海龟们曾无数次目睹这种事情发生。有时候我们建立头寸，在这些时候，市场的动向令我们兴奋；有时候我们退出头寸，在这样的时候，我们同其他许多交易者一样想在市场突破支撑位的时候退出我们的盈利头寸。

当价格“冲破”前期的阻力位或支撑位时，突破就发生了。作为突破法交易者，我们在阻力位被突破时买入做多，在支撑位被突破时卖出做空。在市场短期突破支撑位时，我们卖出以退出多头交易；在市场短期突破阻力位时，我们买入以退出空头交易。

价格不稳定点

我把接近支撑位和阻力位边缘的那些价位称作价格不稳定点。在这些点位上，价格不太容易保持稳定，而是更容易走高或走低。如果支撑位能守住，价格就会走高；如果阻力位能守住，价格就会从阻力位回落。一旦支撑位或阻力位失守，价格就会沿着突破方向继续前行，而且会前行相当长的一段距离。如果市场突破了一个很久没有出现过的新价位，那么一般来说已经不存在明显的后续支撑点或阻力点。在交易者眼中，明显的锚已不复存在，他们看不到任何潜在的转折点。

无论是哪一种情况，价格都不太可能保持稳定。这就是我用“不稳定”来形容这些点位的原因。在这些点位上，压力太大。终有一方会赢得心理大战，当精疲力竭的另一方终于放弃时，价格会一路上涨或下跌。市场一般来说不会原地踏步。价格不稳定点代表着绝好的交易机会，因为在这些点位上，好交易和坏交易之间的价格差异相对较小，这意味着犯错误的代价降低了。

我把交易比作战争的一个原因就是，在典型的战争中，进攻一方的统帅会耐心等待最佳获胜时机出现。他或许会派出一小股突袭部队，试探敌方的防御力量，但在时机到来之前，他不会全力出击。在交易市场上，当价格处于支撑位和阻力位之间时，多空双方都不会真的投入战斗，因此很难判断谁胜谁败。随着价格逼近支撑位或阻力位，双方越来越投入，总有一方会失败。价格突破战不可能既成功又失败。只有两种可能——要么成功，要么失败。

最容易判断战争胜败的时候就是战争即将结束的时候。同样，对于多空双方在支撑位和阻力位的心理大战，双方都投入全力的时候就是最容易判断谁胜谁败的时候——在这个时候，你可以看到市场究竟是冲破支撑位或阻力位继续前行，还是清清楚楚地在支撑位或阻力位反向回转。

还是以图 6–2 为例，一个以 2.10 美元的价格买入做多的反趋势交易者可以设定一个 2.04 美元的止损退出点，因为这个价位代表着支撑位的突破。与此类似，一个在 2.10 美元的突破位卖空的趋势跟踪者可以设定一个 2.15 美元或 2.16 美元的止损点。如果价格在触及 2.10 美元之后还能够反弹到 2.15 美元或 2.16 美元，就说明市场仍然强势，支撑位可以守住。

认知偏差造成了交易者的系统性错误认知，有错误认知的地方就能找到交易的优势。这些地方就是买家和卖家之间的战场。好的交易者能够洞悉蛛丝马迹，把赌注押在他们认为即将获胜的一方。

如果他们犯了错误，他们就会承认错误，迅速退出交易，挽回局势。在接下来的章节中，我们将以这些概念为基础，逐步探究完整的海龟交易系统。

第七章
如何衡量风险

理解风险、尊重风险，这就是顶尖交易者的标志。他们知道，如果你不去注意风险，风险就会找上门来。

当你在考虑一个以机械性交易系统为基础的交易策略，或者寻找一个使用这类策略的投资顾问时，你要问的一个关键问题（或许是唯一的问题）就是："怎么才能知道一个系统或一个投资经理是好还是坏？"一般来说，业内人士给出的答案虽然五花八门，本质上却大同小异：谁的风险回报率最高，谁就是最好的。

每一个人都想在特定的风险水平下赚到尽可能多的钱，或者在特定的期望回报水平下承受尽可能小的风险。在这一点上，几乎所有人的看法都一致，无论是交易者、投资者、基金经理还是其他人。遗憾的是，对于风险回报率中的风险和回报这两个因素，以及关于什么是最佳的衡量标准仍存在诸多不同观点。有些时候，金融业对风险的定义太过狭窄，以至对某些特定的风险完全视而不见，但这些风险的破坏力丝毫不亚于他们关心的那些风险。

说到这些不在传统衡量范围内的风险，长期资本管理公司的崩溃就是一个很好的例证。本章将探讨这些风险和它们的衡量方法，然后根据历史数据提供一些评估交易系统风险和回报水平的一般技巧。

里奇和比尔对我们的头寸规模非常关心，因为他们知道，如果我们在不利的趋势中持有太大的头寸，他们甚至有倾家荡产的风险。在海龟计划开始前的几年，他们曾经历过白银市场设定跌停板的时期。纽约商品交易所对白银的每日最大变化幅度进行了限制，这意味着，如果没有交易者愿意在限价范围内买入，那么卖家根本没有退出的机会。这是期货交易者最大的噩梦。你的损失一天又一天地扩大，而你却无能为力。

幸运的是，里奇在噩梦发生之前就削减了他的头寸，这可能为他挽回了数千万美元的损失。如果他行动得不够快，他就可能失去一切。我相信，在海龟计划进行期间，这可怕的记忆一直萦绕在他的脑海中。

里奇一直在关注海龟们的头寸，如果他感到总体风险太大，就会削减头寸。人们普遍以为里奇是个胆大包天的赌徒，但在我看来，事实正相反，他非常注意他的风险水平。

四大风险

风险有很多种，衡量风险的方法也有很多种。有些大风险产生于相对罕见的事件中，10 年也碰不到几次；有的风险则较为常见，一年内总会出现几次。大多数交易者都担心 4 种主要的交易风险：

- **衰落**：一连串损失使你的账户缩水。
- **低回报**：回报率太低，你赚到的钱微不足道。
- **价格动荡**：一个或多个市场出现价格的骤然变动，导致无可挽回的重大损失。

· **系统死亡：**市场状态改变，致使曾经有效的系统突然失效。

让我们逐一看看这 4 种风险，然后考虑它们的衡量方法。要评估交易者和交易系统的风险回报比，我们可以综合利用这些方法。

衰落

衰落风险可能就是交易者放弃交易或是以失败收场的主要原因。请看图 7–1 中的净值曲线，它代表一个使用唐奇安趋势系统的 10 万美元账户从 1996 年 1 月到 2006 年 5 月的交易结果。

图中可见，这个账户的净值在 10 年多的测试期内以年均 43.7% 的复利水平增长，但也有一段衰落比例为 38% 的时期。

许多新手会被这类表现优异的系统吸引，心想："盈利这么多，我当然可以承受那 38% 的损失。"遗憾的是，现实已经一次又一次地证明，人们对自己承受这类损失的能力并不是那么了解。如果你看到的只是像图 7–1 这样的图，那就更不用说了，因为这张图用的是对数刻度，其衰落幅度看起来要比在标准刻度下的衰落幅度小得多。

新手约翰对这个系统充满信心，而且相信自己有能力熬过衰落期，于是他在 6 月 1 日投入 10 万美元开始交易。图 7–2 包含图 7–1 的内容，只是将数据更新到了 2006 年 10 月末，而且用一个线性刻度展示了历史上的衰落期。

就在约翰入市后不久，系统进入了一个衰落期，而且这一次的降幅比之前的任何一次都要大一点儿：42%。这时候，约翰会想些什么？

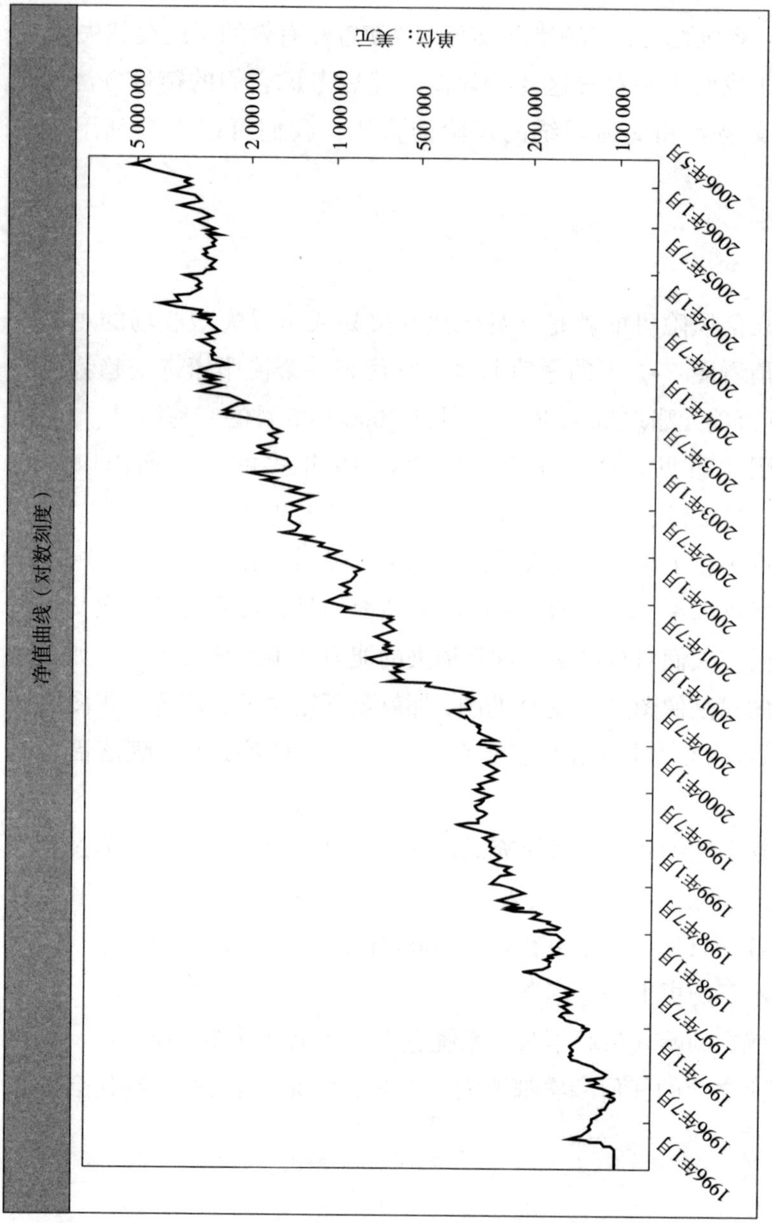

图 7-1　唐奇安趋势系统交易结果：1996 年 1 月—2006 年 5 月

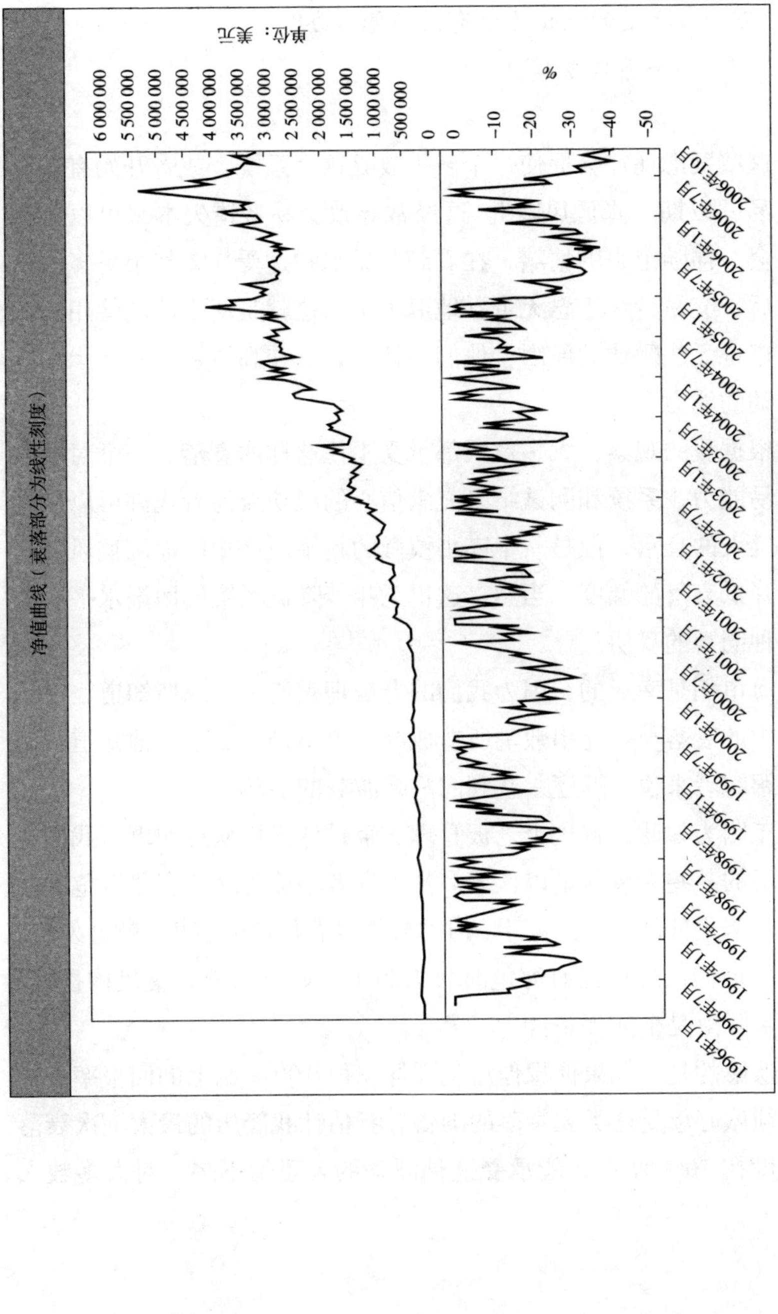

图 7-2 唐奇安趋势系统交易结果：1996 年 1 月—2006 年 10 月

“万一这个系统不再管用了怎么办？”

“万一这只是一个大滑坡的开端怎么办？”

“万一我之前的测试方法有问题怎么办？”

“万一……怎么办？”

这些疑虑往往会促使一个新手放弃这个系统，或者开始有选择地交易，以期“降低风险”。这经常导致交易者错失本来可以赚钱的机会。伴随沮丧的情绪，在看到初始账户遭受 1/2 甚至更多的损失之后，交易者终于忍无可忍地退出了。这就是新手即使使用有效的策略也无法赚钱的原因：他们高估了自己在高风险水平下承受巨大波动的能力。

根据我的观察，大多数人都承受不住这样的衰落。一个对自己的交易能力、系统和测试结果充满信心的成功交易者或许可以承受一次巨大的衰落，但是一个谨小慎微的新手应该相应地调整风险水平，降低衰落的幅度。当然，这也意味着降低系统的回报水平。这是一种明智的妥协。

海龟们是幸运的，因为我们的老板理查德·丹尼斯知道，市场回调中的衰落与一连串败笔所造成的衰落不是一回事。他知道，对趋势跟踪者来说，返还一些利润只是游戏的一部分。

正因为如此，替这个老板管理资金是件轻松惬意的事。我们有时经历的某些大衰落足以让大多数投资者心惊胆战。有些海龟现在已经是募集外部资金的高手，但如果你看看他们的表现，就会发现，现在的他们已经远没有海龟时代大胆了。如果你想募集机构投资，谨慎实际上是个前提条件。

遗憾的是，如果你想像海龟那样获得 100% 以上的回报率，你就必须做好承受这类大衰落的准备。我估计我经历的最大一次衰落的幅度在 70% 左右，能承受这种波动的人恐怕不多。对大多数人来说，这在心理上是很难熬过的一关。

低回报

如果一个交易者想获得年均 30% 的回报率，他可以采用两种方式：使用一个可以稳定地获得 30% 年回报率的系统，或者使用另外一个不太稳定的系统——第一年赚 5%，第二年赚 5%，第三年赚 100%。三年之后，两个系统的平均复合增长率都是 30%。但是，大多数交易者更喜欢每年赚 30% 的稳定系统，因为这会让净值曲线更加平滑。

我们发现，在其他条件相同的情况下，一个能够稳定创造高回报的系统在未来任何一段时期内都更容易创造理想的回报。因此，在任何一年中，这样一个系统表现失常的风险都要低于那些历史记录不够稳定的系统。

价格动荡

价格动荡是指价格突然之间发生了快速的变化，一般来说，这是由自然灾害、出人意料的政治事件或经济灾难造成的。从我进入交易世界算起，美国共经历了两次严重的价格动荡，一次是 1987 年的股市崩溃和随后的反弹，另一次是 2001 年 9 月 11 日纽约世贸中心遭受恐怖袭击之后。

第一次动荡爆发时，我正在用一个 2 000 万美元的账户为理查德·丹尼斯进行交易。我对这次灾难记忆犹新。我其实在股市崩溃的当天还赚了一点儿，但第二天，情况就完全不同了。

1987 年 10 月 19 日，也就是“黑色星期一”，欧洲美元的收盘价为每股 90.64 美元，接近两天前创下的每股 90.15 美元的低点。当天早上，这个低点还曾经受考验，市场价格一度跌到了每股 90.18 美元。我持有空头，大约有 1 200 份 12 月的欧洲美元合约和

600 份短期国债合约。同时，我还在黄金、白银和几种外汇上重仓持有多头。

次日一早，欧洲美元以每股 92.85 美元高开，跳高了两个点还多，相当于每份合约 5 500 美元。我根本没有机会退出，这是 8 个月以来的最高价。另一边，黄金开在 25 美元以下，白银开在 1 美元以下。图 7–3 展示了欧洲美元市场在这个动荡日的巨变。

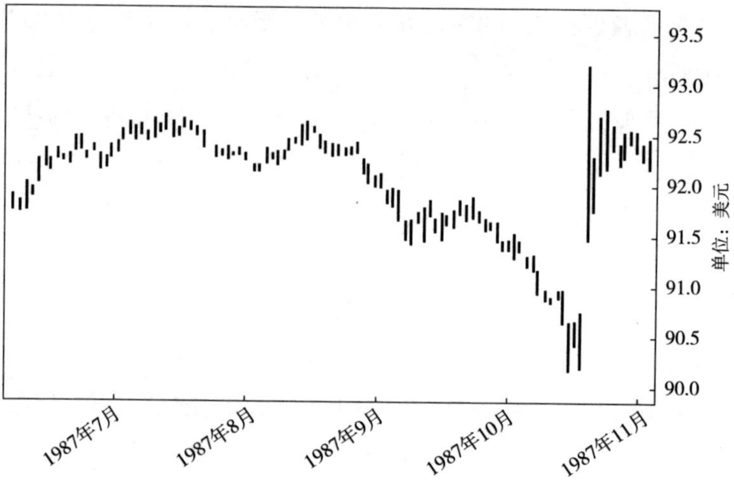

图 7–3　1987 年价格动荡中的欧洲美元

算起来，我为理查德 · 丹尼斯交易的那个 2 000 万美元的账户损失了大约 1 100 万美元。基本上，我全年的利润已经在一夜之间化为乌有。

令我哭笑不得的是，我在股市崩溃当天其实是小有收获的，政府不加警告突然降息的疯狂举动害惨了我。价格动荡不期而至。

请看图 7–4，这是一个海龟使用唐奇安趋势系统的 10 万美元账户，从 1984 年到 1987 年年末的实战情况。

你可以清楚地看到那个代表 65% 跌幅的巨大缺口。请务必记住这个衰落是在一夜之间发生的。人们没有丝毫机会退出市场。还请注意，这一天内的跌幅比这个系统的任何一次历史测试的结果都要大一倍。换句话说，系统的历史测试会把衰落风险低估一倍。

图 7-4　使用唐奇安趋势系统交易的账户 3 年的实战情况

在为自己的账户设定风险水平的时候，所有想生存下去的交易者都会谨慎地考虑价格动荡的现实。任何一个想获得高回报的人都要承受同样高的衰落风险——甚至有可能在一次巨大的价格动荡中输个一干二净。

系统死亡

所谓系统死亡，是指一个曾经有效或经过历史测试而看似有效的系统突然之间不再有效，开始赔钱。这种风险并不来自市场本身，而是由蹩脚的测试方式造成的。对那些根据近期价格波动进行最优化预测的短期系统来说，系统死亡的风险更大。

一个表现不佳的系统究竟只是处于正常的衰落期，还是真的不再有效？这对新手来说通常很难判断。我敢说，这可能是最令新手头疼的一件事。当他们碰上一次衰落时，他们会开始怀疑自己的方法：我的测试是不是有问题？是不是市场发生了某些变化，使我的方法变得无效了？这种情况还会持续下去吗？

我们将在以后的章节讨论降低系统死亡风险的方法。不过，现实是无奈的。由于市场是动态的，还包含其他许许多多的参与者，市场会变化是个无法改变的现实，而这会影响曾经有效的系统和方法。有时候，这些变化是永久性的。伟大的交易者与普通交易者的区别之一就在于他们有能力坚持其他人已经厌倦或放弃的方法，并且靠这些方法获得成功。

某些交易者因为怀疑某种方法而停止使用它，这对趋势跟踪者来说也会产生一种有趣的副作用。每过几年，趋势跟踪者就会经历一个亏损期，而每到这个时候，必然有专家跳出来宣称趋势跟踪策略已经是穷途末路了。这样一来，采用趋势跟踪策略的基金通常会遭遇大规模赎回的窘境。但当越来越多的资金撤离趋势跟踪策略的阵营后，这类策略反而重振雄风，大显神威。自海龟计划实施以来，我有三四次听到趋势跟踪法已经失效的论调。对此，我通常一笑了之，因为我知道，这意味着遍地黄金的市场已经离我们不远了。

风险的量化

使用任何一个系统都会经历痛苦的逆境时期，要把这一点考虑在内，风险的量化就是方法之一。量化风险的方法有很多，以下是几种我认为很有效的常用指标：

1. 最大衰落：这是一个数字，代表一个测试期中从最高点到随后的最低点下跌的百分比。在图 7–4 中，最大衰落等于 65%，这是 1987 年价格动荡的后果。

2. 最长衰落期：从一个顶峰到下一个顶峰的最长周期。它衡量的是市场的恢复速度，也就是在一段衰落期之后，价格需要多长时间才能重新到达新的高点。

3. 回报标准差：这是回报率分散状况的一个衡量指标。低标准差表明大多数时候的回报率都接近平均值，高标准差表明不同月份之间的回报率差异较大。

4.R 平方值：这个指标衡量的是实际投资回报率与平均复合增长率的吻合程度。对带息账户这一类固定收益投资来说，R 平方值等于 1.0，而如果回报率不稳定，R 平方值将小于 1.0。

回报的量化

对一个特定的交易系统来说，回报是指你使用这个系统的期望回报。我们可以用很多种方法来量化回报，以下是我认为很有用的几种：

· **平均复合增长率**：平均复合增长率也称几何平均回报率，是指特定投资期内的平均复利率。期初资产按这个复利率滚动增长，将恰好增长到期末资产的水平。对简单的带息账户来说，平均复合增长率就是利率本身。在特定时期内，只要有一期的回报率特别高，整个平均复合增长率指标就会受到很大影响。

· **滚动平均一年期回报率**：这是指连续滚动计算的一年期平均回报率。这个指标能更好地反映任何特定一年期内的典型回报水平。对跨度在几年以上的测试来说，这个指标对某个回报率特别高的时期相对不是那么敏感。

· **平均月度回报率**：这是指测试期内各个月份的回报率平

均值。

除了这些数字形式的指标，我还发现了几个有用的工具。一是净值曲线图本身，另一个是能突出月度回报分布状况的图表，就像图 4–3 那样。我还喜欢检验一段时期内各个月份的回报情况，就像图 7–5 一样。图 7–5 给出了唐奇安趋势系统 1996 年 1 月—2006 年 6 月的月度回报率。

我发现，像图 7–5 这样的图能很好地反映风险与收益的权衡，比单独的一个或一组数据要生动得多。

衡量风险与回报的综合指标

比较不同的交易系统或使用交易系统的投资经理，有几种常见的综合指标可用。最常用的两个指标是夏普比率和 MAR 比率。

夏普比率

夏普比率可能是退休基金和大投资者在比较潜在投资目标时最常用的指标。夏普比率由诺贝尔奖获得者威廉 · F. 夏普于 1966 年提出，用于比较共同基金的业绩。这个指标最初被称作回报 – 波动性比率，后来被冠以创始人的名字，简单地称作夏普比率。

夏普比率是这样得出的：首先计算考察期内的超额回报率（也就是这段时期的月度或年度平均复合增长率减去所谓的无风险回报率，或者减去短期国债之类的无风险债券的利率），然后把它除以其间回报率（一般是月度或年度回报率）的标准差。请记住，夏普比率是为比较共同基金的表现而发明的，并不是一个一般性的风险回报率指标。共同基金是一种非常特殊的投资工具，主要做股票组合的非杠杆投资。

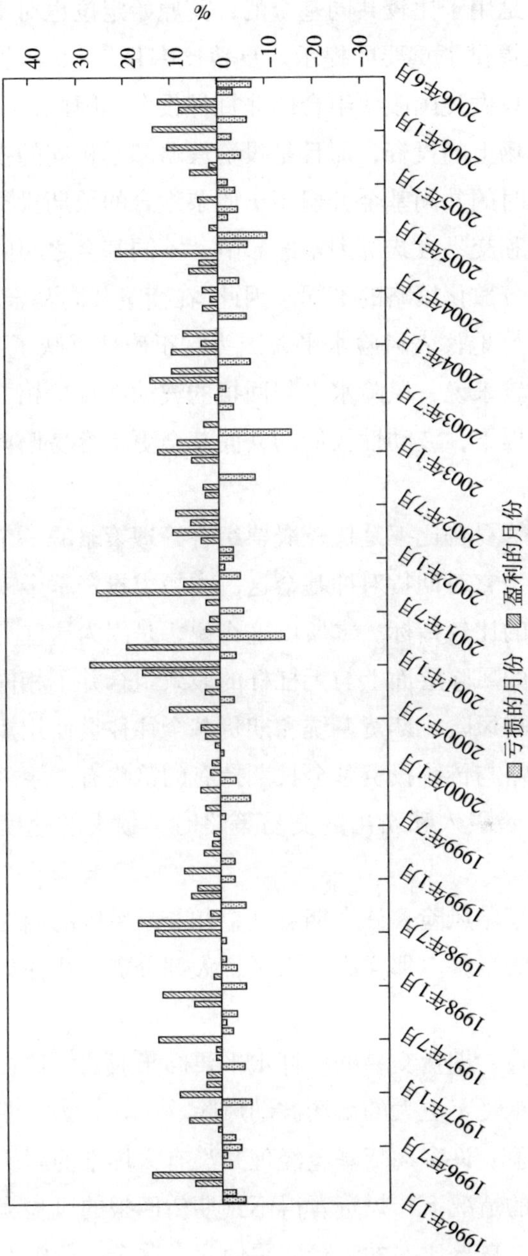

图 7-5　唐奇安趋势系统月度回报率：1996 年 1 月—2006 年 6 月

夏普比率是用于比较共同基金的，其原始定位也对不在它涵盖范围内的风险提供了重要的提示。夏普比率是 1966 年提出的，当时的共同基金只做美国股票组合的非杠杆投资。因此，共同基金比较的是相同市场上的投资，而且是投资策略基本相同的投资。

另外，当时的共同基金普遍用于股票组合的长期投资。由于不存在时机选择和交易方式等因素的影响，不同基金之间的区别仅在于组合选择和分散化策略的不同。因此,在衡量共同基金的表现时，夏普比率能很好地代表风险水平，因为它正确地反映了一个事实：对同时期的比较来说，风险水平与回报的波动性直接相关。在其他条件相同的前提下，波动性较低的共同基金更不容易偏离它的历史平均回报水平。

但是，尽管夏普比率是比较股票组合管理策略的一个绝好的风险回报率指标，它对期货对冲基金这一类另类投资基金来说却并不是一个足够好的比较指标。之所以这么说，是因为这些另类投资基金在几个重要的风险层面上与无杠杆的股票组合并不相同：

· **管理策略风险：**期货系统和期货基金往往会使用短期的交易策略，这些策略与传统投资基金长期持有的策略有天壤之别。在使用这种需要频繁买入和卖出的交易策略时，损失的速度可能会快得多。

· **分散化策略风险：**许多期货基金和交易系统的内在分散化程度达不到传统股票基金那样高的水平，大部分资产往往集中在少量工具上。

· **潜在风险：**期货交易的杠杆水平要高于股票，这在无形之中使期货交易者承受了更大的市场波动风险。

· **信心风险：**许多期货基金经理并没有太详细的履历。在缺乏可参考的履历的情况下，投资者得不到期望回报的风险就会提高。

遗憾的是，夏普比率的流行似乎使我在这个行业中发现的一个问题更严重了：把回报的稳定性当成风险水平的唯一衡量标准。对那些不懂交易，不明白交易策略与传统股票投资的持有策略有何不同的人来说，这个问题尤其严重。

我必须强调一点：稳定性并不等于低风险，风险非常高的投资也有可能在有限的时期内创造稳定的回报。投资者很容易相信，在几年的时间内能一直保持正回报率的投资或投资经理就是安全的选择。他们只是盲目地怀有这种信念，却往往并不知道这些回报是怎么得来的。

我相信，在很多情况下，回报的稳定性越高，实际风险水平就越大。我可以给出两个例子：一个是美国长期资本管理公司，它所使用的策略在最初几年相当成功，但随后就彻底失效，演变为一场灾难；另一个是许多基金至今仍在使用的策略，它的表现非常出色，但同样有瞬间崩溃的风险。

美国长期资本管理公司的策略有两个基础：一个是非常高的杠杆率，另一个是固定收益债券的价格在特定情况下的统一化趋势。极高的杠杆率使它的头寸规模庞大之极，因此当遭受损失时，它很难全身而退。

这个策略曾在几年内十分有效，但当俄罗斯债券违约事件所制造的金融危机引发了一次不利的波动时，美国长期资本管理公司的规模反而害了它。因为市场上的其他阵营都知道，它们可以让价格继续向不利于美国长期资本管理公司的方向变化，美国长期资本管理公司早晚要被迫逆转其头寸。最终，美国长期资本管理公司几乎把家底赔了个精光，而在崩溃之前，它的价值是 47 亿美元。

在危机之前，美国长期资本管理公司的年均回报率几乎达到 40%，而且表现相当稳定。换句话说，它的夏普比率很出众。你可以在罗杰·洛温斯坦的《营救华尔街》一书中了解到美国长期资本管理公司陨落故事的更多细节。

最近，对冲基金阿曼尼的天然气交易也出了类似的问题。同美国长期资本管理公司一样，阿曼尼的头寸相比其他交易者来说过于庞大了。90 亿美元在短短两个月之内就损失了 65%。在此之前，它的夏普比率也很不错。

现在，有很多对冲基金靠货币期权交易赚钱，这意味着它们赌的是价格的剧变。如果风险能得到有效的管理，这就是一种非常有效的策略，能提供非常稳定的回报。

问题是，这些基金所面临的实际风险对外行人来说是很难理解的。它们有可能一边创造着丰厚而又稳定的回报，一边又严重暴露在各种价格动荡的风险中。例如，1987 年欧洲美元期权的任何一个卖方都有可能倾家荡产。价格动荡中的损失，再加上期权履约的风险，完全可能令一天内的损失超过整个基金的价值。

谨慎的基金经理会控制这些风险。遗憾的是，许多投资者并不知情，等他们意识到这些风险时，往往为时已晚，他们已经失去了一切。他们是被基金的稳定回报率和多年来的良好表现诱惑而来的，殊不知，这些基金还没有经历过真正的艰险时期。

MAR 比率

MAR 比率是 Managed Accounts Reports（管理账户报告有限公司）发明的一个指标，这个公司专门提供对冲基金的业绩报告。MAR 比率等于年均回报率除以最大衰落，最大衰落是根据月末数据计算的。这个比率是风险回报比率的一个相当快捷而又直接的衡量指标，我发现用它来剔除表现不佳的策略是非常有效的。对粗略的分析来说，它是一个绝好的工具。以唐奇安趋势系统为例，在上文所说的 1996 年 1 月—2006 年 6 月的测试期中，系统的 MAR 比率是 1.22，其中，平均复合回报率为 27.38%，用月末数据计算出的最大衰落是 22.35%。

我发现用月末数据计算衰落幅度有点儿缺乏根据，它经常会低估实际的衰落程度。因此，我在自己的测试中使用的是从最高点到最低点的跌幅，没有考虑这些最高点和最低点是一个月中的哪一天。要想知道这种方法与单纯使用月末数据有什么区别，看看我的计算结果就行了：包括非月末日在内的实际衰落不是 22.35%，而是 27.58%，因此实际 MAR 比率是 0.99，而不是刚才的 1.22。

模仿效应与系统死亡风险

说到交易的系统、策略和表现，我所观察到的最有趣的现象之一就是模仿效应：在风险回报比率上拥有傲人记录的那些策略往往是最容易被整个行业模仿的策略。它们刚刚崭露头角，立即就被数十亿美元竞相追随，结果反而自毁长城，因为它们的规模已经超出了市场的承受能力。到头来，它们早早就成了系统死亡的牺牲品。

在这一点上，套利策略可能是最好的例子。最纯粹的套利实际上是一种没有风险的交易。你在一个地方买入某个东西，在另一个地方把它高价卖掉，扣掉运输或仓储成本，剩下的都是你的利润。大多数套利策略都不会完全没有风险，但有很多几乎没有风险。问题是，靠这样的策略赚钱是有前提条件的，那就是不同地方的同一种工具存在价差，或者一种工具和另一种同类工具之间存在价差。

使用某一种特定策略的人越多，价差就消失得越快，因为这些交易者本质上都在争夺同样的机会。长此以往，这种效应会毁掉这种策略，因为使用它会变得越来越无利可图。

相反，对一般投资者没有吸引力的系统和策略反而有更长的生命周期。趋势跟踪就是个很好的例子。大多数大投资者都很难忍受使用趋势跟踪策略时常见的大衰落和价值波动。正因为这样，趋势跟踪策略将在长期内始终有效。

不过，趋势跟踪策略的回报水平是周期性的。每当大量资金在一段相对稳定的回报期后跟风涌入，通常会出现几个相对艰苦的年头，因为有太多投资者在同样的市场中使用同样的策略，市场无法轻松消化这么多的资金。相反，当投资者在经历一段相对艰苦的时期后纷纷撤走他们的资金时，好日子通常又会再度来临。

切忌要求过高：如果你在检验一种策略的时候太过贪婪，你更有可能得不到你想要的结果。历史记录看似高人一筹的策略也最有可能引来新的追随者，当新来者纷纷加入时，这些策略往往很快就变得不再神奇。

我们每个人都有不同的风险承受能力和回报期望。因此，世界上不存在对所有人都有吸引力的万能指标。我曾经综合使用 MAR 比率、最大衰落和总体回报这三个指标，同时还通过观察夏普比率和 R 平方值来判断回报稳定性。最近我又设计了一些新指标，可以说是这些常用指标更稳定的版本。我将在第十二章介绍这些指标。

我也会尽力避免被某些特殊数据迷惑，因为我知道，未来不等于现在，一种策略现在有 1.5 的 MAR 比率并不意味着它能在未来保持这样的水平。

第八章
风险与资金管理

破产风险是最需要警惕的风险。如果你对它掉以轻心，它随时可能降临，像个夜贼一样偷走你的一切。

就像期望值、优势、破产风险等诸多概念一样，交易世界中的资金管理这个词也来自赌博理论。你既想把破产风险控制在可以接受的水平，又想让你的盈利潜力最大化，资金管理就是这样一门艺术。为了做到这一点，你一方面要决定股票或期货合约的适当交易量，也就是我们所说的交易规模，另一方面要限制头寸的总体规模，控制价格动荡风险。有效的资金管理能帮助你安然度过对每一个交易者来说都不可避免的逆境时期。对这个问题的讨论大多都会用到数不清的数学公式，涉及各种各样精确计算交易量的方法，就好像风险是一个可知、可以定义的概念，但它不是。

我认为资金管理更像是一门艺术，而不是一门科学，又或许更像是一种信仰，而不是一门艺术。资金管理中不存在正确答案，不存在确定一个人风险立场的最佳方法，只存在对个人有效的个别答案，而得到这些答案的唯一方法就是问正确的问题。

从本质上说，风险管理就是两个极端之间的一种平衡：一方面，风险不可过大，不然到头来你可能赔光一切，或者被迫退出交易；另一方面，风险过小也不行，你的回报可能甚微，甚至最终一无所获。过大的风险迫使你放弃交易主要有两种情况：一是没完没了的衰落超出了你的心理承受极限，再就是突然的价格动荡吞噬了你的账户。

你可以承受多大的风险取决于你的个人情况。因此，你如果想交易，就必须对大风险和小风险对你来说意味着什么了如指掌。唯有如此，你才能做出合理的决定。

许多推销交易系统和培训课程的人只顾自吹自擂，就好像任何人都可以用他们的方法快速而又轻松地发财。他们这么做是为了卖出更多的系统和更多的培训课程。他们在推销时会有意弱化他们方法的风险，突出赚钱的可能性和便捷性。

他们在撒谎。风险实实在在地存在，交易并不是一件简单的事。

如果你决定铤而走险，你就必须牢记一件重要的事：每年20%~30% 的稳定回报就能在短时期内带给你巨大的财富，无论你的初始投入有多少。复利的力量是无比强大的，但前提是你没有中途破产，被迫从头再来。如果你投入 5 万美元，而且你的年均回报率能达到 30% 的话，你在 20 年之后就能拥有将近 1 000 万美元。

如果你试图冒险追求 100% 甚至 200% 的年均回报率，那么你一败涂地的可能性会大大提高。我强烈建议初涉交易世界的新手们在头几年采用保守一点儿的方式。

让我们设想一下在 1987 年用唐奇安趋势系统进行高风险交易的后果。图 8-1 反映了衰落幅度随风险水平的提高而显著提高的趋势。

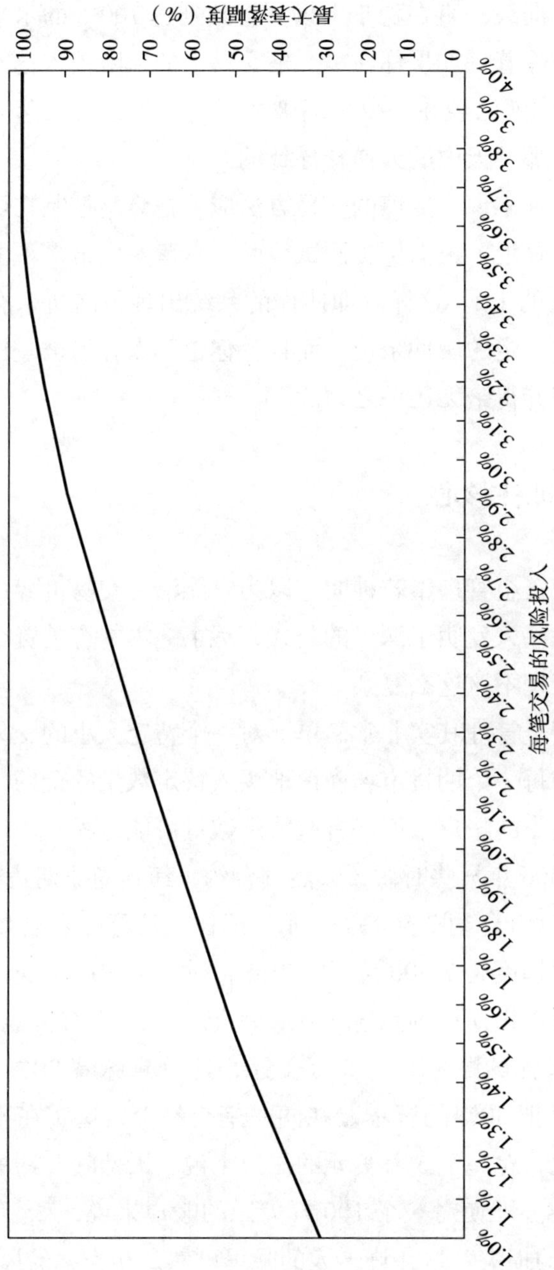

图 8-1 衰落幅度随风险水平的提高而显著提高

很明显，曲线一直在稳步上扬，直到到达 100% 的水平后转为水平线。这意味着，如果你在每一笔交易上的风险投入达到了交易资本的 3%，你就已经在一夜之间破产了，因为这次衰落完全是利率期货市场在那一天内的大逆转导致的。

对大多数人来说，谨慎的交易方法应该把衰落控制在可以接受的水平，也就是说，根据历史测试检验，衰落幅度最多不能超过你的承受力上限的 1/2。这样，即使你的系统出现了前所未有的大幅衰落，你还有一定的缓冲余地。而且，你也不太容易被一次出人意料的价格动荡弄得毫无还手之力。

简单行事，抓住核心

许多人把资金管理奉若神明，以为它能治愈交易世界中的所有病痛。还有一些人发明了深奥的公式，写了一本本有关资金管理的书。但资金管理不该这么复杂。

正确的资金管理其实非常简单。对一个特定大小的交易账户来说，你可以在每一个期货市场谨慎地买入特定数量的合约。对某些市场和某些较小的账户来说，有些特定数量可能是零。

例如，2006 年早些时候，天然气合约（纽约商业期货交易所）的 ATR 值是每份合约 7 500 多美元。记住，这意味着合约价格的每日平均波动幅度是 7 500 美元。因此，对一个像唐奇安趋势系统这样使用 2ATR 止损点的系统来说，一笔交易最多有可能损失 1.5 万美元。如果你的账户只有 5 万美元，这就意味着 30% 的损失。大多数人都会把 30% 的资本赌在同一笔交易上，这实在不是一个好主意。因此，对一个 5 万美元的账户来说，天然气合约的谨慎交易量应该是零。即使对一个 100 万美元的账户来说，1.5 万美元也代表着 1.5% 的损失，这在许多人的眼里已然是相当大的风险。

对新手来说，冒过大的风险也许是最常见的一个败因。新手往往太过激进，以至寥寥几次连续亏损就能让他们赔个精光。新交易者经常错误地理解杠杆的风险，因此，由于他们的经纪人和交易所允许他们用区区 2 万美元进行大宗交易，他们往往会真的冒险一试。

前面已经提到过破产风险这个概念：一个人在一连串失败中损失过大，不得不退出交易。人们所说的破产风险大多是指一系列随机性结果中的破产风险，而这些随机性结果由以概率理论为基础的高度简化的公式计算得来。大多数人都会从风险的角度考虑问题，认为破产是由坏时期的一连串损失造成的。但我认为这通常并不是交易者破产的原因。交易者被随机性的不利变化打垮的事并不常见。更有可能是他们自己犯下了严重的错误。

我认为以下几点才是期货交易者的主要败因：

· **没有计划**：许多交易者的行动依据是直觉、传闻、猜测，还有对自身预测能力的自信。

· **风险过高**：许多在其他方面很出色的交易者是因为承受了过高的风险而破产的。我所说的高风险可比谨慎水平高不止 50% 或 100%。我曾见过某些交易者承受的风险是我心目中谨慎风险水平的 5~10 倍，即使对激进交易策略来说也是如此。

· **不切实际的期望**：许多新手交易者之所以承受过大的风险，是因为他们对自己的盈利能力和回报水平抱有不切实际的期望。这也是新手相信自己仅凭那些基础数据就能开始交易的原因。他们相信自己足够聪明，可以在没受过多少培训的情况下依靠那一点点信息就“击败”市场。

我在高中接触期货交易系统时，曾注意到一件非常奇怪的事：我们的顾客中有很多人是医生，尤其是牙医。那时候，我以为医生们喜欢期货交易是因为他们的收入很高，有资本在期货市场中冒险。现在回想起来，我才明白这只是部分原因。现在我相信，之所以有这么多的医生被吸引到期货世界中，真正的原因在于他们对自己的智力和能力充满信心，认为自己完全可以把在本行业取得的成功转化为另一个行业的成功——在这一点上，他们也许过于自信了。

医生当然非常聪明。要想当一名医生,你需要进入一所好大学，通过各种各样的考试，还要获得优异的成绩。而且，只要你从医学院毕业，你就能获得很多人梦寐以求但却没几个人获得的成就。对这样一个非常聪明而且初出茅庐就大获成功的人来说，相信自己在交易世界也会获得同样的成功是件非常自然的事。

许多医生希望自己立刻就能变成优秀的交易者。交易看起来非常简单，他们相信这对他们来说不算难事。但我发现有很多人并不如意，因为他们抱有不切实际的期望——他们能在医学领域获得成功并不代表他们在交易世界中也能出类拔萃。

他们并不明白，尽管交易确实简单（正如我在前文所说），但交易并不容易。你可以花费很多的时间和很长的学习过程去了解交易有多么简单，但是，大多数交易者不知要经历多少失败才能明白简单行事、抓住核心有多么难。

想想海龟们的例子。我们学到了同样的方法，而且是在短短两星期之内学到的，但有些海龟连一分钱都没赚到。我们的环境有利于做出正确的决定，因为我们都可以听到其他海龟的电话指令，但仍有一些海龟没有遵守我们所学习的系统的要求。

生存的第一法则

交易的首要目标应该是生存。时间站在你这边。一个期望值为正的系统或方法早晚会给你带来财富，有时候是你做梦也想不到的巨大财富。但这一切有一个前提条件——你必须留在游戏中。对交易者来说，死亡有两种形式：一种是痛苦的慢性死亡，足以让交易者在苦闷和沮丧中放弃交易；另一种是戏剧性的快速死亡，我们称为崩溃。

大多数新手都会高估自己承受衰落的能力，他们自以为能承受30%或40%（甚至50%、70%）的衰落，其实他们不能。这对他们的交易有极端不利的影响，因为这通常会导致他们彻底放弃交易，或是在遭受衰落期中的重大损失之后慌忙改变策略，而这时恰恰是最不应该改变策略的时候。

未来的不确定性就是交易的难点所在，而每个人都不喜欢不确定性。遗憾的是，市场不可预测是不争的事实，你最多只能希望得到一种长期有效的方法。因此，你的方法应该尽可能地降低交易中的不确定性。市场本身已经够不确定了，再用蹩脚的资金管理方法平添一份不确定性，岂不是荒唐透顶？

由于海龟交易法则不会预测哪些市场会形成趋势，哪些交易会获得成功，海龟们对任何一笔交易的期望和投入都是相同的。在可能的范围内，这意味着每一个市场的风险投入都相同。根据海龟交易法则管理资金能提高获得稳定回报的可能性，因为我们的方法会根据不同市场的相对波动性和风险水平来做出相应的调整。

过于简化的策略（比如每个市场一份合约）和没有根据波动性进行标准化改进的方法可能导致某些市场上的交易权重过高，令其他市场变得无足轻重。这样，即使某个市场上的大盈利也未必能补偿另一个市场的小损失——如果后者的合约规模远大于前者的话。

尽管很多交易者在直觉上认识到了这一点，但仍有很多人使用过于简单的方法决定一个特定市场上的交易量。比如，他们可能定下这样的标准：每2万美元的账户资金对应一份标准普尔500指数期货合约。在动荡不安的上一个10年中，他们可能一直在使用这个简单的法则。这种纯经验性的方法可能会加剧回报的不稳定，是完全没有必要的。

头寸单位规模限制法则

前面说过，里奇和比尔用一种创新性的方法决定每一个市场中头寸单位的规模，这种方法以市场每一天的绝对上下波动幅度为依据。他们为每一个市场计算出的特定合约数量会让所有市场的上下波动幅度大致相等。由于每一个市场的交易量都要根据这个波动性指标 N 来做出调整，任何一笔特定交易的每日波动幅度都大同小异。

有些交易者喜欢根据止损退出价格与入市价格的差异来衡量风险水平，但这只是考虑风险的方式之一。在 1987 年 10 月的那场灾难中，我们的止损点在哪里根本不重要，因为市场一夜之间就冲破了所有人的止损点。

当时，假如我的方法仅以入市点和止损点的差异为基础，那么我在那一天的损失将是一般海龟的 4 倍，因为我的止损点设置标准比他们激进得多。我用的是 1/2ATR 止损点，而大多数海龟用的都是 2ATR 止损点。因此，如果我仅仅根据止损跌幅来决定头寸单位规模，我所计算出的头寸单位规模将是一般海龟的 4 倍。

幸运的是，作为一种风险管理手段，里奇使用以波动性为基础的头寸单位规模限制法则。因此，对我的账户来说，我的头寸单位规模与其他海龟是一样的，我所承受的价格动荡风险自然也与他们相同。我敢肯定里奇和比尔这么做并不是偶然的，在考虑如何限制海龟们的最大风险水平时，他们显然对过去经历的价格动荡记忆犹新。

限制我们的总体风险水平是里奇和比尔做出的最明智的举措之一。这对我们的衰落水平有重要的影响，特别是我们的价格动荡风险水平。正如前面所说，我们把头寸分成一个个小部分，也就是我们所说的头寸单位。每一个头寸单位的合约数量是根据这样的标准确定的：要让 1ATR 的价格变动正好等于我们账户规模的 1%。对一个 100 万美元的账户来说，1% 是 10 000 美元。因此，我们会算出一个市场中代表每份合约有 1ATR 变化幅度的美元金额，然后用 10 000 美元除以这个金额，得出每 100 万美元的交易资本所对应的合约数量。我们把这些数字称作头寸单位规模。如果一个市场的波动性较强，或者合约规模较大，它的头寸单位规模会小于那些更小或更稳定的市场。

无疑，里奇和比尔已经注意到了任何稍有经验的交易者都明白的一个事实：很多市场是高度相关的，而且当一个大趋势结束，坏日子随之而来时，似乎所有的事情都会开始与你作对。在大趋势瓦解之后的动荡期，即使是通常看起来不太相关的市场也开始相互影响了。

再回忆一下 1987 年 10 月的那次惊天动荡。那一天，几乎我们参与的每一个市场都发生了不利于我们的巨变。正是为了应对这类局面，里奇和比尔早已对我们的交易量施加了一些限制：第一，我们在每一个市场中最多只能投入 4 个头寸单位；第二，在高度相关的多个市场中，我们的多头或空头单位不能超过 6 个；第三，我们在任何一个方向上的总交易量都不得超过 10 个头寸单位（也就是说，最多 10 个空头单位和 10 个多头单位），但对没有相关性的市场来说，这个限制可以放宽到 12 个。那一天，这些限制也许为里奇挽回了超过 1 亿美元的损失。如果我们没有这么做，我们的损失将会是一个天文数字。

我经常看到某些人声称他们已经对海龟系统做过检验，发现这些方法表现不佳，或者根本赚不到钱。他们会大言不惭地说："我已经试过了每一条法则，除了头寸单位规模限制法则。"问题是，头寸单位规模限制法则是海龟系统的一个不可或缺的组成部分，也是极端重要的组成部分，因为这是一种过滤滞后市场的机制。

利率期货是一个很好的例子。海龟们涉足 4 种不同的利率期货市场：欧洲美元、美国长期国债、90 天短期国债，还有两年期中期国债。在任何一次幅度合理的波动中，所有 4 个市场都会出现入市信号。我们在同一时间一般只会持有其中两个市场——前两个发出信号的市场的头寸。

外汇期货市场一般也是如此。我们交易法国法郎、英国英镑、德国马克、瑞士法郎、加拿大元和日本日元。但是，我们在同一时间一般只持有其中两三个市场的头寸。

这样，头寸单位规模限制法则帮我们避开了许多赔钱的交易。在最迟发出信号的市场上，趋势往往不会延续太久，我们更有可能以亏损收场。

风险衡量法则

要判断一个系统的风险特征或持有一个头寸的内在风险，最佳方法之一就是回顾过去 30 或 50 年之内曾经出现过的严重价格动荡。只要你回忆一下这些灾难性的时期，思考一下某些类型的头寸可能遭受的损失，你就能判断出多大的风险可能造成 50% 的衰落甚至是彻底破产。借用电脑模拟软件，你可以很轻松地判断你在那些灾难期间会持有什么样的头寸，这些头寸又会遭遇什么样的衰落。

现在请设想一下，如果有一些更为可怕的事情发生会怎么样。考虑这样的事情可能令人不快，但它们毕竟是有可能发生的，你应该做好准备。如果基地组织没有袭击纽约世贸中心，而是在曼哈顿的其他地方引爆了一颗核弹，你的头寸会怎么样？如果同样大的灾难发生在东京、伦敦或法兰克福，你又会怎么样？

很明显，一旦发生这类巨大的灾难，任何一个激进的交易者都很有可能倾家荡产。当你听到那些鼓吹 100% 以上回报率的豪言壮语时，请不要忘记这一点。

第九章
海龟式积木

不要整天膜拜杂志上的那些梦幻工具，用好最基础的工具才是第一位的。重要的不是你的工具有多大的威力，而是你能不能用好这些工具。

我们曾在第二章讲过市场的各种不同状态：稳定平静、稳定波动、平静的趋势、波动的趋势。我也说过，鉴别市场的状态是非常重要的，因为有许多系统对市场的状态有要求。如果市场所处的状态对系统不利，你就必须远离这些市场。

有些工具是用来指示市场状态的，我把它们称为积木。某些积木有自己独特的名称，比如指示器、振荡器或比率，但我习惯把它们统归为一类。本章所讲的是趋势跟踪系统的积木。这类工具用来指示市场状态的变化：什么时候从稳定状态转变为有趋势的状态，什么时候又从有趋势的状态回归稳定状态。简单地说，它们可以指示一个趋势什么时候可能已经开始，什么时候可能已经结束。

遗憾的是，对交易者来说，没有任何积木是万能的，没有任何神秘公式可以轻轻松松地创造财富。这些工具最多只能帮我们判断趋势已经开始或已经结束的概率有多大。但对我们来说，这已经足够了，因为即使概率只是稍稍对我们有利，我们也能靠这种优势赚钱（问问赌场的老板就知道了）。

常用的趋势跟踪积木

让我们浏览一下诸多常用的趋势跟踪积木，包括我们在海龟计划中学到的那些。这些方法可以用来判断一个趋势是否正在形成，是否已经结束。这里并不会涵盖所有积木——你完全可以找到这方面的专著，了解各种各样可以用来构建趋势跟踪系统的指示器和系统法则。对其他类型的交易策略来说，还有其他类型的积木。但本书并不是那种面面俱到的专题论文，所以读者不妨自己去研究一下这些工具，权当一种练习。本章将介绍如下积木：

· **突破**：突破是指价格冲破过去一段特定时期的最高或最低水平。这是原版海龟系统的首要工具。

· **移动平均价**：是指连续计算特定时段内的平均价格。之所以将其称为移动平均价，是因为这些价格每天都要重新计算，会随着新一天的价格变化而上升或下跌。

· **波幅通道**：波幅通道等于一个移动平均价再加上某个特定的数值，这个特定数值是根据标准差或 ATR 这一类波动性指标而确定的。

· **定时退出**：这是最简单的退出策略——在一个事先确定的特定时间退出（比如 10 天或 80 天之后退出）。

· **简单回顾**：拿当前价格与早些时候的某个历史价格相比较。

下面让我们详细谈一谈每一种积木，看看它们是如何应用于趋势跟踪系统的。

突破

前面我曾提到过突破的原理和它的优势所在。市场价格创下新高是趋势可能正在开始的强烈信号。用于计算最高点和最低点的时间段有所不同，这将决定你会进入一个什么样的趋势。短期内的突破点将指示短期趋势的可能性，长期内的突破点将指示长期趋势的可能性。如果能与整体趋势的其他指示器相结合，突破法的效果就会尤其显著。比如唐奇安趋势系统，它结合入市信号、退出信号和移动平均价来指示整体趋势。

移动平均价

移动平均价是指连续计算的特定时段内的平均价格。最简单的一类均价被称为简单移动平均价，它就是特定天数内的平均价格。10 日收盘均价就是过去 10 天内的平均收盘价，70 日平均高价就是过去 70 天内的平均最高价。

也有其他一些稍微复杂一点儿的移动平均价指标，最常用的一个是指数移动平均价。这个均价的计算方法较为特殊：取前一天均价的一部分，然后与现价的一部分相结合。图 9–1 中有两条指数移动平均线：20 日指数移动平均线和 70 日指数移动平均线。

如图，20 日指数移动平均线与价格走势更加吻合，而且在 6 月中旬自下而上穿越了 70 日指数移动平均线——这指示了一个向上趋势的开始。这是一个非常常见的入市点：如果短期均线穿越了长期均线，则应顺势入市。在本例中，一个长期趋势开始于 6 月中旬的这个穿越点。

系统设计者和研究者已经提出了许多不同的移动平均值指标，但那些越来越复杂的内容在实际应用中大多并不是那么有效，而且更有可能造成曲线拟合和不切实际的测试结果。我们将在第十一章更详细地谈谈这种潜在缺陷。

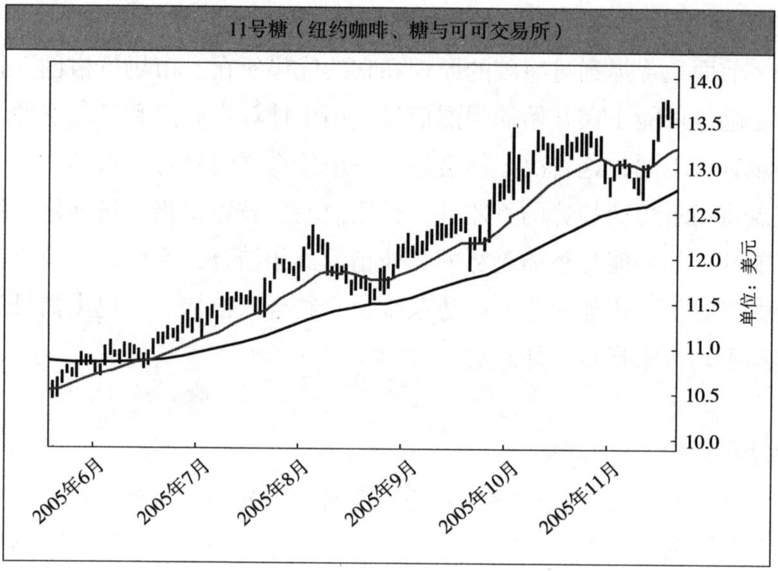

图 9-1　20 日与 70 日指数移动平均线

波幅通道

波幅通道可以很好地指示趋势的开始。如果价格超越了一个特定的移动平均值和另一个特定数值之和，这意味着价格有上涨趋势。换句话说，这表明一个趋势可能已经启动。我们将在第十章检验两种以波幅通道为基础的系统。

图 9-2 是一条 80 日指数移动平均线和标在平均线上下方的波幅通道。可以看到，除了图形的右端向下跌出通道，价格大多数时间都停留在通道中。你也可以看到指数移动平均线是如何随着价格的下跌而缓慢下滑的。

定时退出

简单的定时退出策略可能会非常有用，也非常高效。它可以帮助你避开趋势衰竭所导致的衰落。这是因为定时退出往往发生在衰落之前，而不会等到一个移动平均价或一次突破（两者均与价格走势联系更紧密）显示衰落正在发生的时候。

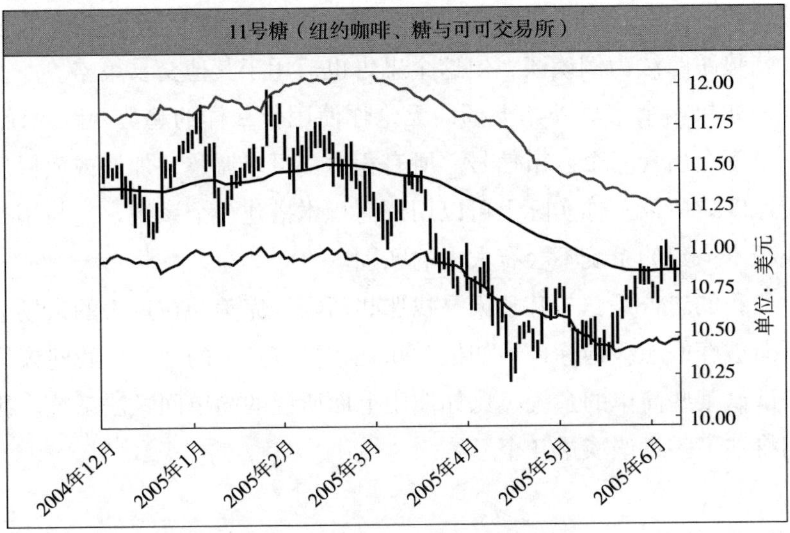

图 9-2　80 日指数移动平均线与波幅通道

简单回顾

如果从非常基础的层面出发考虑趋势跟踪策略，你甚至能发明更简单的潜在趋势判断方法。有个效果不错的方法就是简单地回顾某些天之前的价位。你可以结合像 ATR 这样的波动性指标来使用这种方法，比如，只要价格超过了 100 天之前的价格与 2ATR 之和，你就买入。

第十章将讨论一些使用简单回顾法的系统。

一个忠告

多年来，已经有数百种五花八门的指示指标陆续问世。近来，技术的进步使交易者得以更轻松地为自己的公式编程，创造自己的指标，而交易杂志每一期都会刊登新的指标和以这些指标为基础的新系统。如果你想更详细地了解其他指示器和积木，你可以搜寻相关资源。不过，为了避免你过度沉迷，我想先给你一个忠告。我想以趋势跟踪法为例谈谈，但这个忠告也适用于其他交易策略。

如果一个市场开始上扬，无论你使用什么样的趋势跟踪系统，迟早都会出现一个入市信号。所有积木都可以调整，加快或放慢反应速度。所以，你实际上可以用任何积木搭建一个系统，它与用其他积木搭建的系统不会有太大的区别。

我的忠告是：与其整天寻找那些新颖、完美并在过去的市场上所向披靡的超级指标，不如把时间花在更有意义的地方。我建议你去试试某些简单的系统，比如使用上面所说的简单回顾法系统。我们将在下一章谈谈这几个系统。

第十章
海龟式交易系统

简单一点儿。操作得当的定时退出法总能击败那些复杂、花哨的梦幻方法。

本章将介绍一些海龟式交易系统，也就是通常所说的长期趋势跟踪系统。它们是：

· **ATR通道突破系统：**一个波幅通道系统，它将ATR视作波动性指标。

· **布林线突破系统：**一个波幅通道系统，它的波动性指标是标准差。

· **唐奇安趋势系统：**一个带有趋势过滤器的突破系统。

· **定时退出唐奇安趋势系统：**一个带有趋势过滤器的突破系统，它使用定时退出策略。

· **双重移动平均线系统：**在短期移动平均线穿越较长期移动平均线时买入或卖出的系统。与其他系统不同的是，这个系统始终不离市场，无论是做多还是做空。

· **三重移动平均线系统：**这个系统也在短期移动平均线穿越较长期移动平均线时买入或卖出，但前提是穿越方向符合大趋势（根据一条最长期的移动平均线来判断)。

为了检验这些系统的区别，我对它们分别进行了历史测试，目的是看一看每个系统在过去 10 年中能赚到多少钱。本章将使用第七章所讲到的某些标准来比较这些系统的相对表现。

历史测试

历史测试也被称作事后检验。有许多交易者不相信历史测试，其中还包括不少成功的交易者。他们认为，用历史数据做测试是没有意义的，因为过去并不代表未来。对那些不熟悉这场争论的读者来说,我将花一点儿篇幅向你解释一件你可能认为不需要解释的事。对那些不相信历史测试的人来说，我想问这么几个问题：你还有别的方法吗？不了解过去，你怎么制定策略？你怎么决定何时买入或卖出？难道靠瞎猜吗？

你能掌握的唯一信息就是市场迄今为止的表现。即使你是一个随机而动的交易者，不使用任何的法则或系统，你也会把过去的经验当作一种指南。你依赖的是对过去的解读；事实上，你依赖的是历史数据。

聪明的自主交易者可能会在多年的实践之后开发出自己的系统。他们观察到了蕴藏着盈利机会的重复性模式，于是设计出了利用这些机会的交易策略。新手在入市之前常常会先花上几个月的时间好好研究一下过去的走势图，了解过去的市场是怎样变化的。因为他们知道，关于市场的未来趋势，最好的指南就藏在历史中。

不难证明，计算机可以用同样的历史数据更有效地检验一个理念。凭借计算机模拟测试，交易者可以在实际行动之前对某种特定的策略进行更严格的检验。他们常常会发现，由于某些未能预见的因素，看似充满希望的理念其实是无效的。显然，用计算机来提早发现这一点比在实战中吃一堑长一智要好得多。

一些交易者之所以不相信历史测试，是因为这种事后测试经常被歪曲。有人借用计算机的力量发现了一种看似有效的方法，但在真正的市场中却大败而归，这样的问题很容易出现。这些问题是可以克服的，只要你能避免最常见的隐患：过量优化。第十一章会谈到这个问题。

正确的历史测试所需要的某些经验和技巧是新手不具备的。不过，虽说一把锋利的刀子不能交给一个小孩子，但它在厨房里是可以派上用场的。你只需小心使用那些锋利的工具就是了。

历史测试并不能预见未来，但它可以帮助你判断一种方法能否在未来盈利。它并不是最优的方法，水晶球或时光机都比它要好，但它是目前可用的工具中最好的一个。

被神化了的专家

“不要最优化”这种误人子弟的专家建议源自交易世界里的一种现象，我和我的朋友们喜欢称之为被神化了的专家。遗憾的是，在大多数领域中，真正的专家寥寥无几。每一个真正的专家都被淹没在大批冒牌专家之中。这些冒牌专家在行业里占据了一席之地，东拼西凑了不少知识，在外行人的眼中，他们与真正的专家没什么区别。他们也有作用，但他们并不是真的理解他们所混迹的领域。

真正的专家没有一成不变的法则；他们胸有成竹，所以他们不需要僵化的法则。

但冒牌专家并不懂行，所以他们喜欢观察专家、模仿专家。他们知道怎么做，但他们并不知道为什么这么做。所以，他们照着专家的样子设置的那些严格的法则没有一个符合专家的本意。

冒牌专家有一个明显的标志：他们的文章写得晦涩不清、难以理解。写不清楚，是因为想不清楚。一个真正的专家却可以把复杂的概念解释得简明易懂。

冒牌专家还有一个共同特征：他们知道如何应用复杂的程序和技巧，也受过良好的培训，但他们并不知道这些技巧的局限性。

说到交易行业，历史测试就是个好例子。某个人会做复杂的统计分析，于是他做了一次模拟检验，生成了 1 000 笔交易，然后就自认为可以从这些交易中得出结论，殊不知这样的结论可能只是从两星期的短期数据中得出的。这类人会运用数学计算，但并不明白一个简单的道理：如果下一周的情况与上两周大相径庭，数学计算也没用。

不要把经验与专家技能混为一谈，也不要把知识与智慧混为一谈。

测试参数

本章所说的测试使用的是一个常见的市场组合和一种常见的资金管理法则，这是为了明确测试结果的差异，使它们区别于法则变化所导致的差异。以下是测试中所使用的参数。

市场组合

我们所测试的市场组合包括澳元、英镑、谷物、可可、加拿大元、原油、棉花、欧元、欧洲美元、饲牛、黄金、铜、民用燃料油、无铅汽油、日元、咖啡、牛、猪、墨西哥比索、天然气、大豆、糖、瑞士法郎、银、中期国债、长期国债以及小麦。

这些市场都是从美国的高流动性（交易量较大）市场中挑选出来的。也有几个高流动性的市场被剔除了，因为它们与其他高流动性市场具有高度相关性。我们把测试范围限制在美国市场，是因为许多历史数据供应商只是零零星星地提供有关美国以外市场的信息——碍于这个原因，许多新手交易者一开始只做美国市场的交易，而我们想尽可能使交易者便于把我们的测试结果应用到他们自己的交易中。

资金管理法则

这里所使用的资金管理法则与海龟的方法相同，只不过在一个指标上更保守了一些。海龟的标准是 1ATR 等于交易资本的 1%，而我们的标准是 0.5%。也就是说，在为一个给定市场计算合约数量的时候，我们用账户净值的 0.5% 除以这个市场在交易发生时的 ATR 值。

测试期

这次测试使用的是 1996 年 1 月—2006 年 6 月的数据，所有系统都是如此。

六个系统

在揭示测试结果之前，让我们先来更详细地看一看各种系统。

ATR 通道突破系统

ATR 通道突破系统是一个波幅通道系统，它把真实波动幅度均值（即 ATR）用作波动性指标。350 日移动平均收盘价加上 7 个 ATR 就是通道的顶部，减去 3 个 ATR 就是通道的底部。如果前一日的收盘价穿越了通道顶部，则在今日开盘时做多；如果前一日的收盘价跌破通道底部，则在开盘时做空。当收盘价反向穿越了移动平均线，交易者就会退出。

交易者马克·约翰逊在查克·勒博的系统交易者俱乐部论坛（www. Traderclub.com）上普及了一种叫作 PGO（Pretty Good Oscillator，绝佳振荡器）的系统，这就是 ATR 通道突破系统的一种变体，也是下面所说的布林线突破系统的一个变体。图 10–1 就是 ATR 通道突破系统的一个波幅通道。

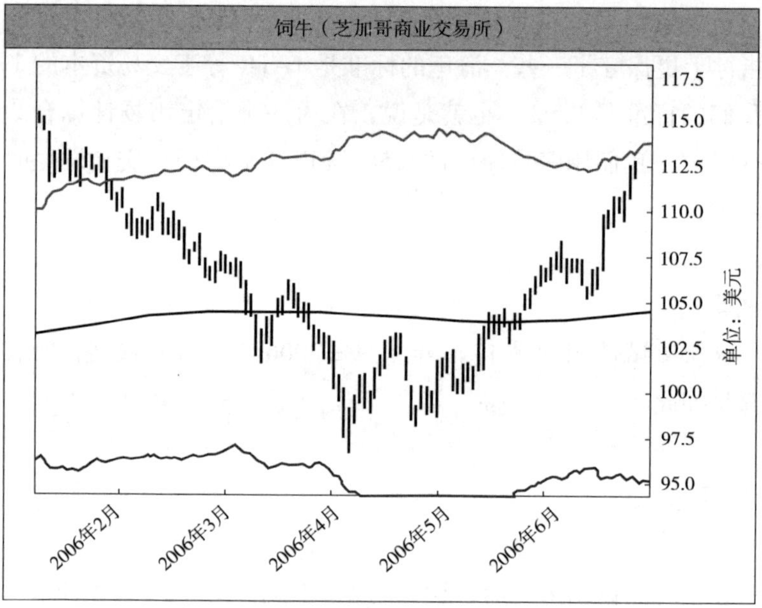

图 10–1　ATR 通道突破系统的一个波幅通道

中间的曲线是 350 日移动平均线，顶部的曲线就是 350 日移动平均线加 7ATR 所得出的波幅通道的顶部。

布林线突破系统

这个系统由查克·勒博和戴维·卢卡斯在他们 1992 年的著作《技术交易者期货市场电脑分析指南》中提出（计算移动平均价的时间和计算波幅宽度的标准差有所变化）。布林线是由约翰·布林发明的一种波幅通道。这个系统的布林线是通过 350 日移动平均收盘价加减 2.5 倍标准差而得出的。如果前一日的收盘价穿越了通道的顶部，则在开盘时做多；如果前一日的收盘价跌破通道的底部，则在开盘时做空。图 10–2 是布林线突破系统的波幅通道。

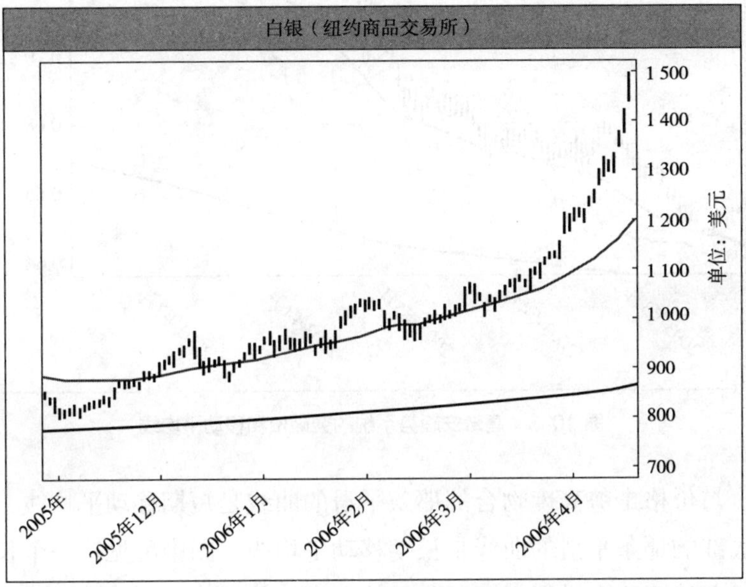

图 10–2　布林线突破系统的波幅通道

唐奇安趋势系统

我们曾在第五章说过唐奇安趋势系统，它是当年海龟系统的一个简化版本。它采用 20 日突破入市策略，10 日突破退出策略，还有一个 350 日 /25 日指数移动平均趋势过滤器。交易者严格遵守短期移动平均线所指示的方向：如果 25 日平均线在 350 日平均线之上，只能做多；如果 25 日平均线在 350 日平均线之下，只能做空。这个系统还规定了 2ATR 的止损退出点，这与原版海龟系统相同。图 10–3 是唐奇安趋势系统的突破位和移动平均线。

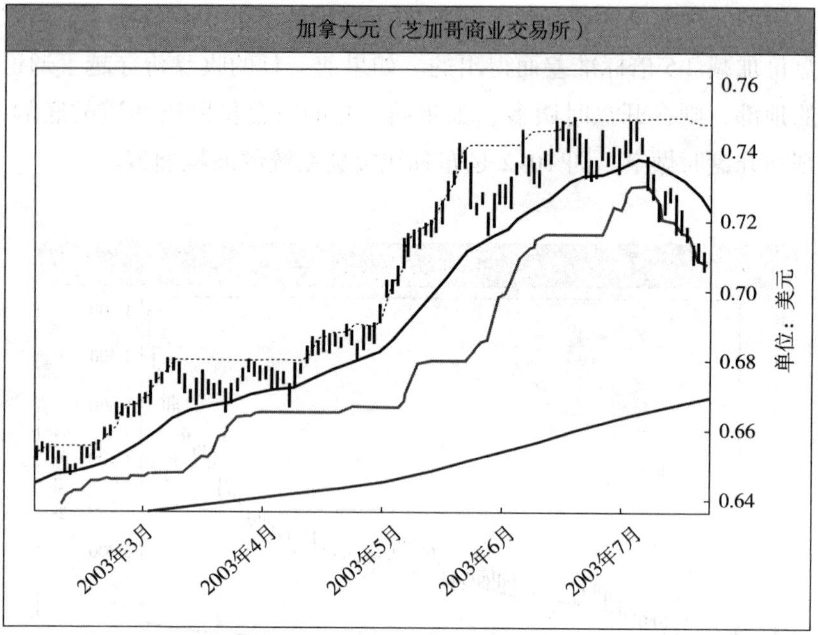

图 10-3　唐奇安趋势系统的突破位和移动平均线

与价格走势高度吻合的那条平滑的曲线是短期移动平均线，图形底部的那条平滑的曲线是长期移动平均线。图中可见，一个长期的向上趋势正在进行中，因此只能做多。价格信息顶部和底部的两条错落不齐的曲线就是突破位。每当市场创下一个新高时，最高点都会直接刷新，因此向上突破位的曲线与价格走势非常吻合。注意，由于价格呈上升趋势，向下突破位（前期最低点）与价格走势的吻合程度并没有这么高。

根据这个图，4 月 10 日时应该做多，因为价格在这一天穿越了 3 月 7 日创下的 0.680 2 美元的前期最高点。请注意，3 月底时市场曾尝试突破这个高点，但未能成功。这是阻力作用的一个好例子。当价格第二次上升到这个水平时，市场终于突破阻力，而且一口气连涨 6 美分，直至 0.74 美元也没有明显的回调。之所以突破成功，是因为不再有交易者愿意在这个价位卖出，但却有交易者愿意在更高的价位买入。

定时退出唐奇安趋势系统

定时退出唐奇安趋势系统是唐奇安趋势系统的一个变体，它采用的是定时退出策略，而不是突破法退出策略。它在80天之后退出，没有任何形式的止损点。有很多交易者声称入市点并不重要，重要的是退出点。这个系统就是我对他们的答复。当我们稍后比较各个系统的表现时，你会看到这个非常简单的退出策略比那些复杂的退出策略更胜一筹。

双重移动平均线系统

这是一个非常简单的系统，只在100日平均线穿越350日平均线时买入或卖出。与其他系统不同的是，这个系统始终不离场，无论是做多还是做空。唯一的退出点就是短期平均线穿越长期平均线时：此时，交易者退出上一笔交易，开始一笔相反方向的新交易。图10–4是双重移动平均线系统的移动平均线。

100日平均线与价格走势更加吻合，当它在7月底向上穿越350日平均线时，交易者会做多。你可能会发现，这个系统属于一个相当长期的趋势跟踪系统，交易频率比其他大多数系统都要低。

三重移动平均线系统

这个系统使用三种移动平均线：150日、250日和350日平均线。交易者在150日平均线穿越250日平均线时买入或卖出。最长期的350日平均线扮演的是趋势过滤器的角色。只有150日和250日平均线位于350日平均线的同一侧时才能交易。两者都高于350日平均线时，只能做多；两者都低于350日平均线时，只能做空。

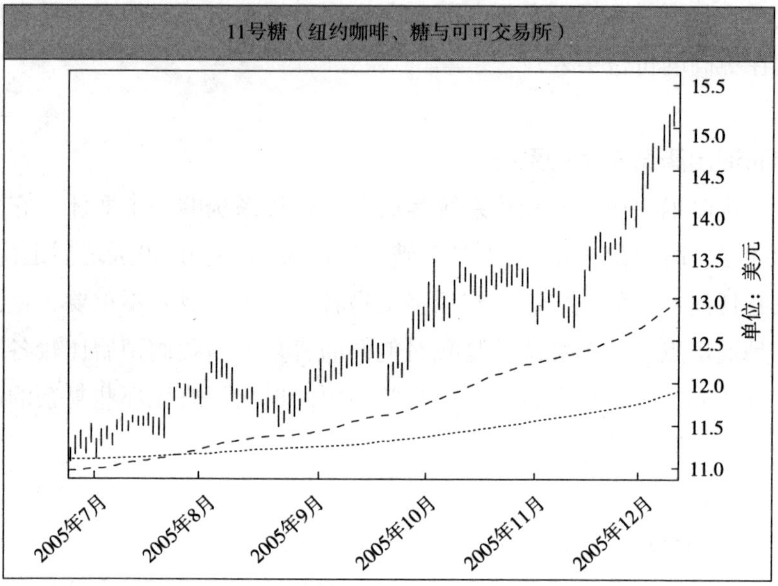

图 10-4　双重移动平均线系统的移动平均线

与双重移动平均线系统不同的是，这个系统并非始终不离场。交易者在 150 日平均线穿越 250 日平均线时可能退出。图 10-5 是三重移动平均线系统的三条移动平均线。

最上面一条是 150 日平均线，中间一条是 250 日平均线，最下面一条是 350 日平均线。可以看到，在与图 10-4 相同的时间段内，三条线全部随着价格的上涨而缓慢上升。如果最上方的平均线掉过头来向下穿越中间的平均线，那么系统会退出交易。

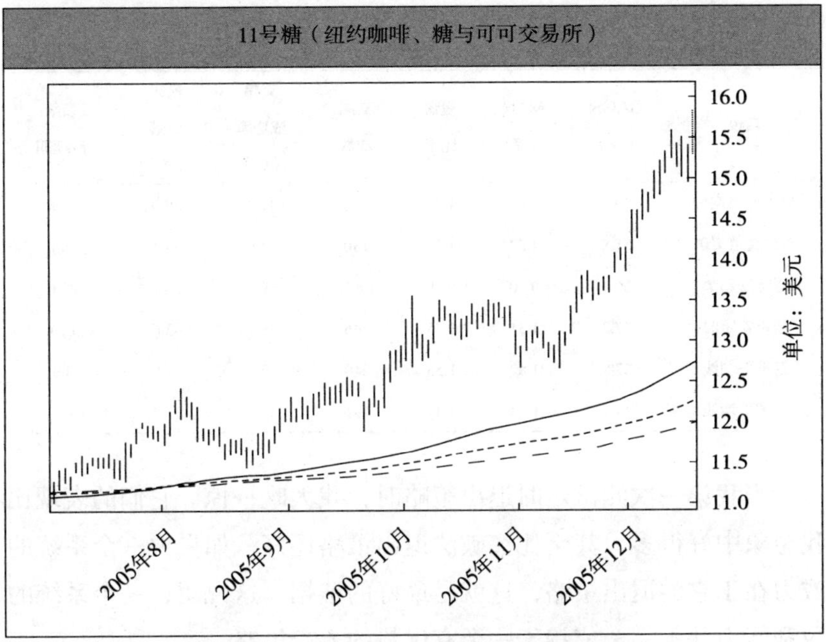

图 10-5　三重移动平均线系统的移动平均线

在我们开始讲下一节之前，请先猜一猜这些系统在这段测试期内的表现孰优孰劣。定时退出系统的表现比普通的突破法退出策略差多少？哪两个系统的 MAR 比率最高？三重移动平均线系统的表现比双重移动平均线系统强多少？

测试结果

我用同样的数据（同样的资金管理法则、市场组合和测试期）和我们自己的交易模拟软件 Trading Blox Builder 对 6 个系统做了测试。这个软件模拟了每个系统在 1996 年 1 月—2006 年 6 月的每一次交易，并据此生成了业绩统计表。表 10–1 列出了每个系统最主要的业绩指标值。

表 10-1　6 个系统的历史表现对比

系统	CAGR（%）	MAR 比率	夏普比率	交易次数	交易成功率（%）	最大衰落（%）	衰落持续期
ATR 通道突破	49.5	1.24	1.34	206	42.2	39.9	8.3
布林通道突破	51.8	1.52	1.52	130	54.6	34.1	7.8
唐奇安趋势	29.4	0.80	0.99	1 832	39.7	36.7	27.6
唐奇安定时	57.2	1.31	1.35	746	58.3	43.6	12.1
双重平均线	57.8	1.82	1.55	210	39.5	31.8	8.3
三重平均线	48.1	1.53	1.37	181	42.5	31.3	8.5

当我第一次测试定时退出策略时，我大吃一惊。它们的表现比我想象中好得多，甚至比突破法退出策略还好。如果说一个系统的威力在于它的退出策略，这就是最好的证据。这说明，一个系统的盈利能力并不完全依赖于一个有优势的入市策略。

请注意，唐奇安系统的表现不如其他系统。这说明，突破法在海龟计划实施之后的岁月中已经丧失了一些优势。我认为这在很大程度上是交易者效应造成的。我将在第十一章谈谈这种效应。

表 10-1 的另一个让人吃惊的地方是双重平均线系统的优异表现。注意，这个系统的业绩要优于与其同属一类但更复杂的三重平均线系统。这个例子证明了更复杂的系统未必更好，而且同样的例子还有很多。

这些都是基础性的系统。其中，双重平均线、三重平均线和唐奇安趋势这三个系统甚至没有任何的止损退出标准。这意味着它们违背了最受尊崇的交易格言之一——永远要有止损点。但它们的风险调整回报率却可与其他系统比肩，甚至强于其他系统。

要不要加入止损点？

完全没有止损退出标准会令很多交易者惴惴不安。如果我们加入止损点，双重平均线系统的表现会有什么变化？很多人喜欢琢磨这类事情。他们会带着这些问题去请教他们的朋友或更有经验的交易者。

对我来说，如果我在检验了一个理念之后得到了实实在在的肯定回答，我更愿意对这种理念抱有信心。信心是有益的。图 10–6 反映了不同止损点下的 MAR 比率，横轴代表止损点，以入市时的 ATR 为单位。

注意，止损点为零时，也就是根本没有止损点时，MAR 比率最高。事实上，这个结论对所有指标来说都成立：平均复合增长率、MAR 比率、夏普比率、最大衰落、衰落持续期——每一个指标。三重移动平均线系统同样如此：如果加入止损点，那么每一个指标都会变坏。对定时退出唐奇安趋势系统的止损点测试也几乎得出了同样的结论，只有一个例外：对 10ATR 以上的大止损点来说，系统表现与没有止损点的时候差不多。这当然与“永远要有止损点”的一般信念非常矛盾。为什么？止损点不是对保住本钱很重要吗？既然我们加入了止损点，衰落水平为什么不下降呢？

许多交易者认为，最需要担心的是一连串接踵而至的损失。这对每笔交易不过维持几天的短期交易者来说或许是事实，但对趋势跟踪者来说不是。对趋势跟踪者来说，衰落也来自趋势逆转，这通常发生在大趋势结束之后。有时候，趋势逆转之后的市场非常不稳定，操作起来相当棘手。

海龟们都知道，放弃在趋势中积累起来的部分利润只是游戏的一个部分。我们知道我们早晚会经历巨大的衰落。但这对某些海龟来说确实是件痛苦的事，特别是那些最受不了赔钱的海龟。目睹刚刚赚到的钱烟消云散是我们在交易中最难忍受的一个环节。

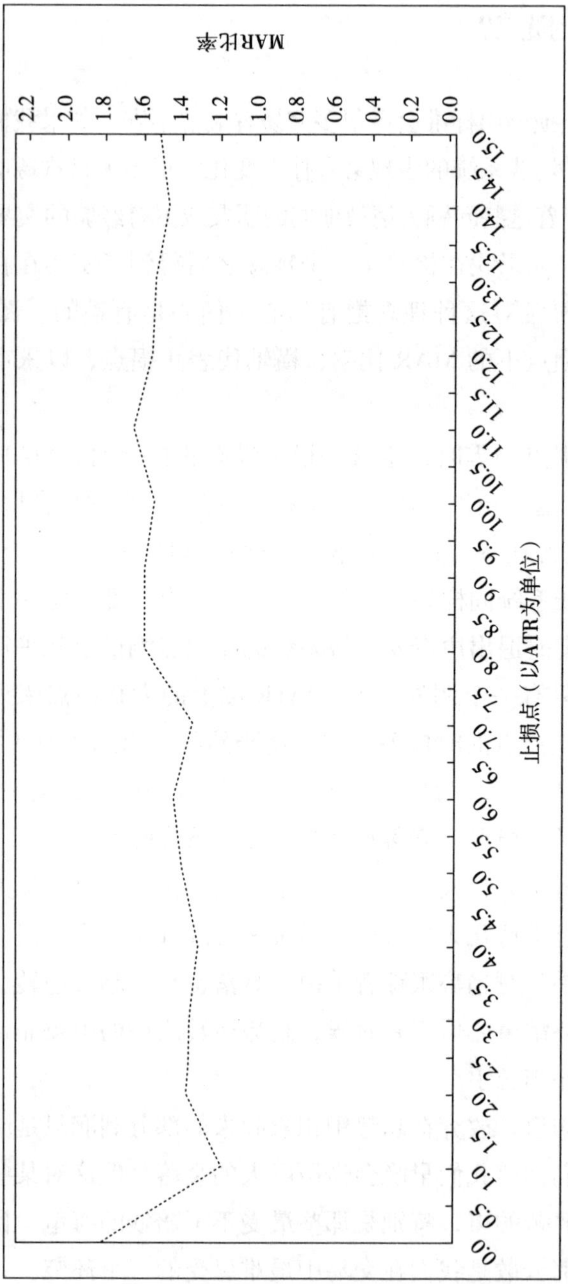

图 10-6　双重移动平均线系统中不同止损点下的 MAR 比率（以入市时的 ATR 为单位）

因此，趋势跟踪者的衰落并非来自入市风险，而是来自利润返还。我们会在第十一章更详细地讨论这个问题，现在先回到 6 个系统的测试结果上。

测试结果发生了变化

前面说过，我们的测试期截至 2006 年 6 月。当我写到这里的时候，又有很多个月过去了，你可能对这段时间内的情况感到很好奇。

如果以截至 2006 年 6 月的数据为依据，你会选择哪一个系统？如果你能选择两个系统，你会选择哪两个？为了给你一点儿启示，我修改了测试截止日期，加入了直至 2006 年 11 月的新数据，更新后的结果如表 10–2 所示。

表 10–2　截至 2006 年 11 月的系统历史表现对比

系统	CAGR（%）	MAR 比率	夏普比率	交易次数	交易成功率（%）	最大衰落（%）	衰落持续期
ATR 通道突破	45.9	1.15	1.27	216	43.1	40.0	8.3
布林通道突破	49.2	1.44	1.47	136	53.7	34.1	7.8
唐奇安趋势	27.4	0.75	0.94	1 901	38.7	38.7	27.6
唐奇安定时	57.1	1.31	1.34	773	59.1	43.6	12.1
双重平均线	49.1	1.04	1.34	222	36.9	47.2	8.3
三重平均线	41.2	0.97	1.21	186	41.9	42.3	8.5

稍微看一眼 CAGR 和 MAR 比率就能发现，趋势跟踪系统在 2006 年的最后几个月中整体表现不佳。有趣的是其中所发生的变化，表 10–3 列出了 CAGR 和最大衰落变化的百分比。

表 10–3　CAGR 和最大衰落变化的百分比（单位：%）

系统	CAGR（截至 2006 年 11 月）	CAGR（截至 2006 年 6 月）	最大衰落变化	最大衰落（截至 2006 年 11 月）	最大衰落（截至 2006 年 6 月）	最大衰落变化
ATR 通道突破	45.9	49.5	–7.3	40.0	39.9	0.3
布林通道突破	49.2	51.8	–5.0	34.1	34.1	0.0
唐奇安趋势	27.4	29.4	–6.8	38.7	36.7	5.4
唐奇安定时	57.1	57.2	–0.2	43.6	43.6	0.0
双重平均线	49.1	57.8	–15.1	47.2	31.8	48.4
三重平均线	41.2	48.1	–14.3	42.3	31.3	35.1

这是怎么回事？测试结果为什么会发生这么大的变化？最佳系统的衰落幅度为什么会上升 50% 之多？为什么使用最简单的定时退出策略的系统在最后的 5 个月中没有什么变化，但其他系统却如此糟糕？一个交易者如何建立更符合期望值的系统？换个角度说，你怎么才能让你的期望值与一个系统的潜力更加吻合？

这些问题可以作为下一章的导言。在第十一章，我们将探讨这些问题，帮助你更好地理解历史测试结果和实际交易结果的差异，也更好地理解导致这种差异的种种因素。

第十一章
历史测试的谎言

骗子和无赖潜伏在黑暗的角落里，等待着不设防的猎物。不要成为他们的盘中餐。

巨石阵系统在短短5年之内就把5 000美元变成了100万美元。巨石阵系统的发明者是斯图彭杜斯·马格尼菲克斯，美国国家航空航天局的一位科学家，他所发现的方法可以把发射火星探测器的程序用在外汇交易上。凭借90%以上的准确性，这个系统在10年之内没有一个月是赔钱的。它太过珍贵，所以我们只打算出售100套。仅用1 999美元就能得到一套，现在就买，勿失良机！

——某系统兜售者的一则广告

任何一个多少接触过交易行业的人都见过这样的广告，任何一个被纳入邮递名单的交易爱好者也都见过这样的广告。但请买家务必留心：有些假专家会利用不负责任的营销手段和不切实际的事后测试结果来兜售他们的最新发明。有很多兜售者其实很清楚，他们的系统永远也达不到他们所吹嘘的那种回报水平。很多人还会故意调整测试方法，言过其实地美化他们的系统。不过，也不是所有的卖家都如此厚颜无耻。有些人确实以为自己的系统是很灵的，只不过，他们要么没有意识到他们的基本方法有缺陷，要么不理解历史测试的局限性或是用历史测试结果预测未来的弊端所在。当然，也有一些人很善于避开历史测试的缺陷。但遗憾的是，这类人少之又少，而且对一个缺乏经验的交易者来说，他很难区分一个系统是不是用好的测试方法开发出来的。

即使是经验丰富的交易者，也常常搞不懂他们的系统在实际交易中的表现为什么远不如历史测试结果。他们知道这个现象存在，也会想办法解决这个问题，但他们并不明白问题的根源在哪里。实际上，历史测试结果和实际交易结果的差异主要是由四大因素造成的：

· **交易者效应**：如果一种方法在近期赚了很多钱，那么其他交易者很可能会注意到它，并开始用类似的方法模仿它，这很容易导致这种方法的效果不再像一开始那样好。

· **随机效应**：历史测试的结果夸大了系统的内在优势，这可能是纯随机性的现象。

· **最优化矛盾**：选择特定参数的过程（比如选择 25 日移动平均线而不是 30 日移动平均线）可能降低预测价值。

· **过度拟合或曲线拟合**：系统可能太过复杂，以至失去了预测价值。由于它与历史数据的吻合度太高，市场行为的一个轻微变化就会造成效果的明显恶化。

交易者效应

物理学中有一个叫作观察者效应的概念，它的意思是，衡量一种现象的行为有时候也会影响这种现象，观察者的观察行为反而干扰了他们的实验。类似的事情也会发生在交易世界中：交易行为本身有可能改变交易的潜在市场状态。我称之为交易者效应。任何一件不断重复的事情都有可能被市场参与者注意到。同样，一种在近期表现特别突出的策略也很有可能被诸多交易者注意到。但是，如果太多的交易者都开始尝试利用同一种策略，那么这种策略就将不再像从前那样有效。

让我们考虑一下突破策略。如果你知道一个市场相对较小，但会有很多大交易者在突破位买入，你如何从他们身上赚钱？有没有类似印钞机的必胜策略？

你会抢在其他交易者之前买入，趁势把价格推高到一定程度，引发这些大交易者买单，然后把你的头寸卖给他们，稳赚一笔。事实上，你是在利用其他买家操纵价格。

假设你是一名黄金交易者，你知道 ACME 公司会以每份 410.5 美元的价格买入 1 000 份 8 月的黄金合约，你会怎么做？

如果你的买入量足够大，能把价格推高到这个限价点，你就可以在这个点清仓卖出。可能目前的价格离这个限价点还差得远，你手头的资金还不足以把价格推高到这个程度。但如果现价已经接近这个点，比如说每份 408 美元，那么几个买单就可以把价格推到足够高的程度，导致 ACME 公司采取大量买单的对策。

由于你的策略是首先买入，然后快速卖出，你可能会改变突破点本身的意义。如果没有交易者效应，那么一次突破可能表明阻力位已经破除，市场向有利方向变动的可能性提高了。但如果加上新买单的影响，突破的意义就会被改变，因为这些买单的目的只是将价格推高到突破点的程度。

举个例子。假设没有人愿意以每份 408 美元以上的价格买入合约，但有人愿意以每份 409 美元以上的价格卖出 1 000 份合约，这些卖单就会像一个天花板，能阻止价格突破每份 409 美元。如果没有你的买单，市场价格就不会上涨到每份 410.50 美元，所以突破不会发生。因此，如果你对一个以突破法为基础的系统进行模拟，那么这里将不存在突破，自然也没有交易发生。

现在设想一下，你在同样的情况下进入了市场，以每份 409 美元的均价把那 1 000 份合约照单全收了。现在，这个价位上已经没有卖家，所以你必须从每份要价 411 美元的卖家那里再买 100 份合约，把价格再推高一点儿。这笔交易会引发 ACME 公司买单，这时候，你可以在每份 411 美元的价位上把那 1 000 份合约卖给 ACME 公司。尽管 ACME 公司自我感觉良好，但真正大获成功的却是你。最后要做的只是处理掉那剩下的 100 份合约。由于在近期的高价位上已经没有买家，你只能低价出售，以每份 407 美元的价格卖出。不考虑佣金成本，你在这 100 份合约上赔了 4 万美元（每盎司赔 4 美元，每份合约 100 盎司，一共 100 份合约），但你在那 1 000 份合约上赚了 20 万美元（每盎司赚 2 美元，每份合约 100 盎司，一共 1 000 份合约），这样总共就赚了 16 万美元。这对一次历时几秒钟的操作来说已经是很不错的结果了。

ACME 公司的那些寄希望于突破法优势的交易者现在怎么样了呢？他们手里有一个巨大的亏损头寸，而且进入这个头寸的原因与历史测试的原理完全不是一回事。这就是交易者效应的后果。

还有一个例子。几年前曾有一个系统因为多年来的优异表现而变得大受欢迎，有很多经纪人开始向他们的客户提供这个系统。我曾一度听说已经有数亿美元开始追随这个系统。但就在它的影响力达到巅峰之后没多久，它的追随者遭遇了一次旷日持久的衰落，而这样长又这样严重的衰落在它 20 年的测试历史中从未出现过。这个系统有一个容易被利用的地方。按照它的法则，如果当日的收盘价超过了某个特定水平，那么就在次日早晨一开盘时买入或卖出。

由于其他交易者知道什么样的价位会引发这些买单或卖单，他们完全可以赶在当日收盘之前买入，然后在次日开盘之后马上卖出。卖出价通常比买入价高得多，因为所有一夜之间生成的买单都是在这个时候入市的，这是由系统的法则决定的。

更糟糕的是，系统发明者所选择的市场组合还包括一些流动性较差的市场，比如木材和丙烷市场。对这样的市场来说，相对较小的交易量就可以使市场有不小的波动，然而却有这么多的系统追随者涌入这些市场。我相信，这个系统之所以突然之间陷入史无前例的衰落，原因之一就在于这种预期性的买入行为一度毁掉了它的优势。其他交易者没有那么笨，他们会利用他们注意到的任何重复性的模式。正因为这样，开发你自己的系统要强于追随别人的系统。如果你能开发出自己的系统，那么你的优势就不太容易被其他交易者模仿，因为他们不会知道你什么时候买入或卖出。

在我们为里奇效力的时候，我们常常会在差不多同一时间入市交易。其他交易者知道，如果他们开始接到我们的大定单，那么这一过程可能会持续一段时间。因此，场内交易者和经纪人会时不时地抢先行动，导致市场提前变动。由于我们用的是限价定单，他们这样做是有风险的（这也是我们使用限价定单的原因之一），因为在市场提前变动的情况下，我们的定单可能无法成交，所以我们会撤单。有时候，当我想买入或卖出，但又知道市场很容易在交易者的预期作用下提前变动时，我会故意发出相反方向的假定单。这样，假如市场真的闻风而动，我会撤掉最初的假定单，发出一个接近市价甚至比市价还要有利的限价真定单。举个例子，如果我想买入 100 份合约，我可能先放出一个假卖单。假设这个假卖单要求在每份 415 美元的价位上卖出 100 份合约，而市场现状是买入价 410 美元，卖出价 412 美元，那么假卖单的出现可能令市价变为买入价 405 美元，卖出价 408 美元。这时候，我可以撤掉假卖单，发出限价 410 美元的真卖单，这个卖单很有可能以每份 408 美元或 410 美元成交，比我发出假卖单之前的市场卖出价要低。

但这种方法不能用得太频繁，只要能让其他交易者猜不透我们在做什么就够了。在某些方面,这有点儿像扑克牌游戏中的“虚张声势”技巧，也就是明明手中的牌很差但却故意下大注去迷惑对手。你不能没完没了地虚张声势，不然你早晚会被识破，最终输得一塌糊涂。但偶尔虚张声势是很有用的，因为这往往会让你的对手摸不着头脑，在你拿着一手必胜好牌的时候冒险跟注，白白给你送上更多的筹码。而且，虚张声势本身也有可能出奇制胜，增大你的赢面。

就像是偶尔的虚张声势让牌桌上的对手们晕头转向一样，海龟们也会想办法稍稍迷惑一下那些试图猜透理查德·丹尼斯的人。我们有的用小止损点，有的用大止损点，有的在突破发生时买入，有的在突破之后买入，还有的在突破之前买入。我们放出了不少烟幕弹，这可能对丹尼斯执行他的交易帮助不小。

请注意，交易者效应在任何情况下都有可能发生，不一定是某些交易者故意抢先行动的结果。只要有许多交易者不约而同地试图利用某种市场现象，这种现象的优势就不复存在，至少在一段时间内不再有效，因为众多交易者的定单会削弱它的优势。这个现象在套利类交易中尤其普遍，因为这种交易的优势是相对较小的。

随机效应

大多数交易者都想不到纯随机性因素会对他们的交易结果产生多大的影响。在这一点上，一般投资者的认识甚至还不如一般交易者。包括退休基金和对冲基金的决策者在内，经验非常丰富的投资者通常也不知道这种效应能大到什么程度。事实上，单是随机性事件的影响就有可能导致交易结果具有天壤之别。假如把随机事件囊括在内，一系列历史模拟测试的差异水平会高得惊人。本节将谈一谈与长期趋势跟踪策略有关的纯随机效应问题。

我在提到优势率这个概念的时候说过，我曾对一个随机入市策略进行了模拟测试，这种策略仅根据电脑模拟的掷硬币结果来决定在开盘时做多还是做空。当时我设计了一个完整的系统，采用以掷硬币结果为基础的进入策略和定时退出策略——在入市之后的若干天后退出，天数从 20 天到 120 天不等。然后我对这个系统做了 100 次测试，所用数据就是我们在第十章中用于比较不同趋势跟踪策略的那些数据。在这 100 次测试中，最好的一次获得了 16.9% 的年均回报率，在 10.5 年的测试期内把 100 万美元变成了 550 万美元，但最差的一次测试却年均亏损 20%。这说明，纯随机性事件可以导致巨大的交易结果差异。

如果我们加入一点儿优势因素，那么结果会怎么样？如果我们加入唐奇安趋势系统中的那种趋势过滤器，把这个系统变得类似于一个趋势跟踪系统，那么结果又会怎么样？在这样的变化发生之后，我们的入市决定还是随机性的，但前提是入市行动只能与大趋势的方向一致。这是个有趣的问题，因为无论你观察任何趋势跟踪基金的表现，都会发现它们良莠不齐，差异极大。如果某个基金表现得高人一筹，它的管理者当然会说这是卓越的交易策略和执行能力的结果。实际上，超常的表现也可能源于随机效应，而不是什么卓越的策略。如果你考虑一下这样的随机效应在系统有优势的情况下还能造成多大的影响，你就能更好地理解这一点。

如果我们在这个纯随机性系统中加入一个有正优势的趋势过滤器，那么 100 次测试的平均表现会得到显著改善。根据我的测试，平均回报率上升至 32.46%，平均衰落幅度下降至 43.74%。但即使加入了过滤器，各次测试的结果仍有相当大的差异。在100次随机测试中，最好的一次达到了53.3%的年均回报率和1.58的MAR比率，最大衰落只有33.6%；但最差的一次只有17.5%的年均回报率，最大衰落却有62.7%。

运气或者说随机性因素对交易者和基金的表现有举足轻重的影响，尽管那些交易精英不愿意对他们的投资者承认这一点。历史表现在投资者眼中就是响当当的硬证据，但实际上并没有那么硬。比如，你投资某个基金，你一般希望这个基金的未来表现仍可以像过去一样好。问题是，历史表现的好坏也是有运气成分的。有的基金管理得确实很出色，但运气一般；有的基金管理得很一般，但运气很好。只盯着历史记录,你是分不清实力与运气的。随机效应太大、太普遍，你不可能得出确凿无疑的结论。

考虑一下上面所说的100次测试中的最佳结果。假如你的交易风格比较保守，比如你的风险水平只有海龟们的25%，那么其中的一次测试可能得出10年内25.7%的年均回报率和仅仅17.7%的最大衰落。我们都知道，一个随机入市的交易者在未来的表现不太可能达到这个水平，因为随机性策略是没有优势的。遗憾的是，对一个只相信历史记录的人来说，诸多交易者之中总有某些看起来技高一筹但实际上极为平庸的幸运儿。

幸运儿

我们也可以从自然现象中认识随机效应。人类的智力、身高、体育能力、歌唱能力等素质都是随机效应的产物。如果你在某种特征上拥有良好的遗传基因（也就是说，你的父母都有这种特征），那么你比大多数人都更有可能拥有这种特征，尽管你的这个特征可能达不到父母那种程度。假如你的父母都很高，你也很可能是个大高个儿，但你的父母高于平均身高越多，你比他们矮的可能性就越大。

在遗传学和统计学上，这种规律被称作均值回归或回归效应。你的高个子父母也拥有高个子基因，而且拥有从身高角度看非常幸运的基因组合。但是，一个幸运地拥有高个子基因组合的人可以把基因传给后代，却无法将运气传给后代，所以他们孩子的身高更有可能接近平均身高，因为这个孩子不太可能拥有父母那样“幸运”的基因组合。

当你用业绩衡量指标去区分好基金和坏基金的时候，你就很容易遭遇随机效应问题。因为运气好的平庸交易者要多于运气不佳的优秀交易者。假设有 1 000 个交易者，其中有 80% 接近平均水平，只有五六个真正的高手。那么，只有五六个人有可能成为运气不佳的优秀交易者，却有 800 个平庸的人有机会拥有好运。如果这 800 个人里有 2% 能幸运地拥有 10 年的良好交易记录（从前面所说的测试中可以看到，实际比率甚至可能高于 2%），那么这意味着，拥有良好交易记录的固然有 21 个人，但其中只有 1/4 的人是真正优秀的交易者。

真正优秀的交易者

时间更加垂青真正优秀的交易者，而不是那些平庸的幸运儿。即使那 800 个人里有 16 个人能有 10 年的好运，他们的表现也很有可能在接下来的 15 年中趋于平庸。相反，如果你仅仅考虑过去 5 年的记录，那么看似优秀但其实只是运气好的人将急剧增多。这是因为随机效应造成的影响在短期内更为显著。

在我们的测试中，假如我们把测试时间缩短，比如说只看 2003 年 1 月—2006 年 6 月的情况，那么差异水平会有什么变化？根据测试结果，随机入市系统在这段时期的平均表现普普通通，回报率是 35%，MAR 比率是 1.06。这个成绩远逊于那些真正的系统：

三重移动平均线系统的回报率是 48.5%，MAR 比率是 1.50；布林线突破系统的回报率是 52.2%，MAR 比率是 1.54；双重移动平均线系统也有 49.7% 的回报率和 1.25 的 MAR 比率。

那么，有多少幸运儿从那 100 次随机测试中产生呢？有多少人仅凭好运就击败了我们的最佳系统呢？在 100 次测试中，有 17 次的 MAR 比率高于 1.54。在这 17 次测试中，有 7 次的回报率超过了 52.2%。表现最好的一个随机交易者获得了 71.4% 的回报率、34.5% 的最大衰落和 2.07 的 MAR 比率。如果你还想靠 3 年历史记录寻找优秀的交易者，请想想这些数据吧。

在你看短期历史记录的时候，你应该明白，你所看到的表现有很大的运气成分。如果你想知道某个交易者究竟只是幸运的平庸者之一，还是少数真正的高手之一，你应该不只停留于表面记录，而应该做更深入的分析，好好研究一下记录背后的人。

好的投资者投资于人，而不是历史记录。当他们观察交易者时，他们知道哪些特征预示着未来的优异表现，哪些特征反映了平庸的能力。这是克服随机效应的最佳方式。有个好消息可以告诉那些正在做历史测试的人：如果测试结果是受到随机效应的影响而不是系统本身的优势造成的，你就能很容易发现这一点。我们会在第十二章讨论这个问题，但现在，让我们先来看看历史测试结果与实际交易结果不符的另外两个原因。

最优化矛盾

还有一种效应会造成历史测试结果与实际交易结果的差异，我称之为最优化矛盾。这个矛盾制造了很多困惑，对刚刚接触电脑模拟技术的新人来说尤其如此。有些交易系统需要用特定的数值进行计算，选择这些数值的过程就是最优化的过程。这些数值被称为参数。比如，长期移动平均线的计算天数就是一个参数，短期移动平均线的计算天数也是一个参数。最优化就是为这些参数选择最佳数值的过程。有许多交易者认为最优化不是一件好事，因为它会导致曲线拟合现象和系统拙劣的表现。我说这是一派胡言！

如果操作得当，最优化是一件好事，因为了解参数变化的影响总比忽略这种影响要好。当我们检验参数变化的效果时，我们常常能从一些迹象中发现系统的表现是随机效应或曲线拟合的结果，而不是系统优势的反映。所谓最优化过程，无非就是观察一下调整参数值对交易结果的影响，合理地决定在实际交易中使用什么样的参数值。

有些交易者之所以认为最优化有害或有危险性，只是因为他们不理解最优化矛盾，而且曾见识过不恰当最优化的恶果——这种不恰当的最优化正是统计学中所说的过度拟合现象的根源。

所谓最优化矛盾，是指参数最优化过程会产生两种相互矛盾的效果：一方面可以提高系统在未来表现良好的概率，另一方面却会降低系统的未来表现符合模拟测试结果的概率。这样，参数最优化虽然提高了系统的预期表现，却降低了历史测试指标的预测价值。我相信，正是因为对这种矛盾理解不足，许多交易者才会怀着对过度最优化和曲线拟合的恐惧而对最优化避之唯恐不及。但在我看来，恰当的最优化永远是明智的。

恰当的最优化所得出的参数值可以提高系统在实际交易中获得理想结果的可能性。一个例子有助于我们理解这一点。考虑一下布林线突破系统，它有两个参数：一个是长期均价，一个是标准差。一定时间内的长期均价加减一定倍数的标准差就是系统的波幅通道。图 11-1 反映了这个系统在不同标准差参数值下的 MAR 比率，横轴代表通道宽度，也就是标准差倍数，从 1 倍到 4 倍不等。

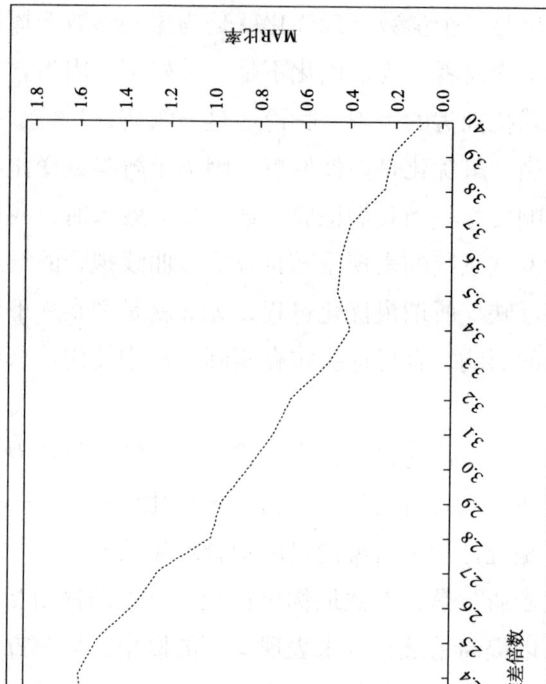

图 11-1　不同入市标准（标准差倍数）对 MAR 比率的影响

图中可见，2.4 倍标准差对应着最好的模拟结果。任何小于或大于 2.4 倍标准差的入市标准都会降低 MAR 比率。

现在我们来看看最优化是不是真的有益。假设我们没有考虑通道宽度的最优化，而是凭主观感觉选择了一个 3 倍标准差的参数值——因为我们记得统计学课本说过，对正态分布来说，有 99% 以上的值会落到均值加减 3 倍标准差的范围内。如果未来与过去的差别不是太大，那么我们会错失很多利润，而且我们的衰落幅度比 2.4 倍标准差要大得多。差距大到什么程度呢？看几个数据就知道了：在 10 年半的时间内，假设衰落水平相同，2.4 倍标准差的利润是 3 倍标准差的 8 倍之多，两者的年均回报率分别是 54.5% 和 28.2%。

不做最优化意味着糊里糊涂地被运气因素完全左右。发现了这个参数的影响，我们就能更好地理解入市标准参数的作用和交易结果对这个参数的敏感性。现在我们知道，如果通道太窄，交易次数就会过多，这会削弱系统的表现；如果通道太宽，你在等待入市的过程中就会白白错过很多趋势，这也对系统不利。如果你因为害怕过度最优化和曲线拟合而放弃最优化，你就不会有这种认识，而这种认识本来可以大大地改善你的交易结果，也可以为你在未来设计更好的系统提供一些新的理念。下面将介绍其他几个参数，你会看到，它们的变动同样对应着系统表现的山峰或山丘形变化。

移动平均线参数

图 11–2 反映了移动平均收盘价的计算天数对 MAR 比率的影响，移动平均价的计算天数能决定布林线波幅通道的中心线，从 150 日到 500 日不等。

如图所示，350 日对应着最佳的测试结果。任何大于或小于 350 日的参数值都会降低 MAR 比率。

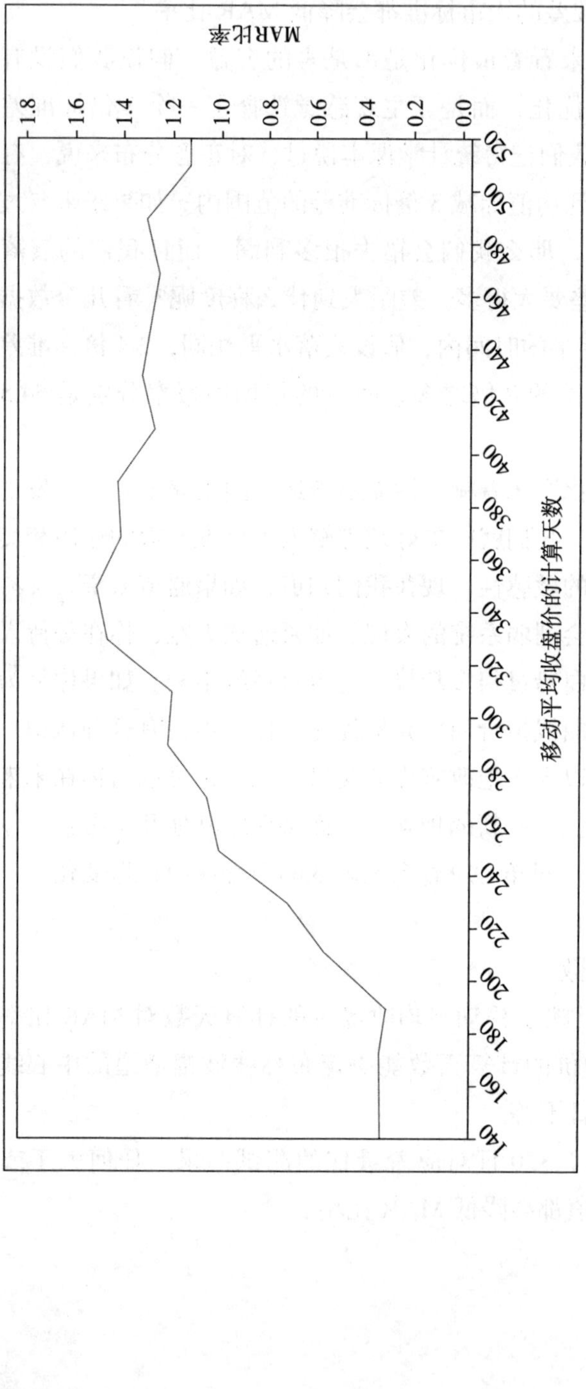

图 11-2 移动平均收盘价的计算天数对 MAR 比率的影响

图 11–3 反映了不同退出标准参数值对 MAR 比率的影响。退出标准是一个规定系统退出点的参数。我们在前文介绍布林线突破系统的时候说过，当收盘价穿越移动平均线（也就是通道的中心线）时，系统就退出市场。在这次测试中，我的目的就是检验系统在这个穿越点之后或之前退出市场会怎么样。在图中，正的退出标准参数值对多头交易来说表示高于移动平均线的标准差倍数，对空头交易来说则表示低于平均线的标准差倍数。相反，负的参数值对多头交易来说表示平均线之下，对空头交易来说表示平均线之上。

让我们看看退出标准参数值从 –1.5 逐渐变动到 1.0 的影响。如图 11–3 所示，参数值达到 – 0.8 时，测试结果最好。任何高于或低于 – 0.8 的值都会降低 MAR 比率。

最优化参数

之所以说历史测试有预测价值，是因为历史测试结果可以为交易者在未来的表现提供一些指示。未来与过去越接近，未来的交易结果就越接近历史测试结果。作为系统分析的一种方法，历史测试也有一个很大的问题，那就是未来永远也不会等同于过去。但一个系统确实能利用反映在市场中的人类的永恒行为特征来盈利，从这个角度看，过去就是对未来的模拟，尽管不是精确的模拟。用全部经过最优化的参数得出的历史测试结果代表非常特殊的交易结果，也就是这个使用最佳参数的系统用于过去的实战产生的交易结果。因此，这个模拟结果就代表最乐观的历史回顾。

假如未来与过去完全一致，你在实际交易中就应该得到这样的结果，但未来永远也不会等于过去！现在请回顾一下本章的各个图表：每个图的形状都像是一座山峰，而且都有一个峰值。你可以用图 11–4 这样的图来表示一个给定的参数值。

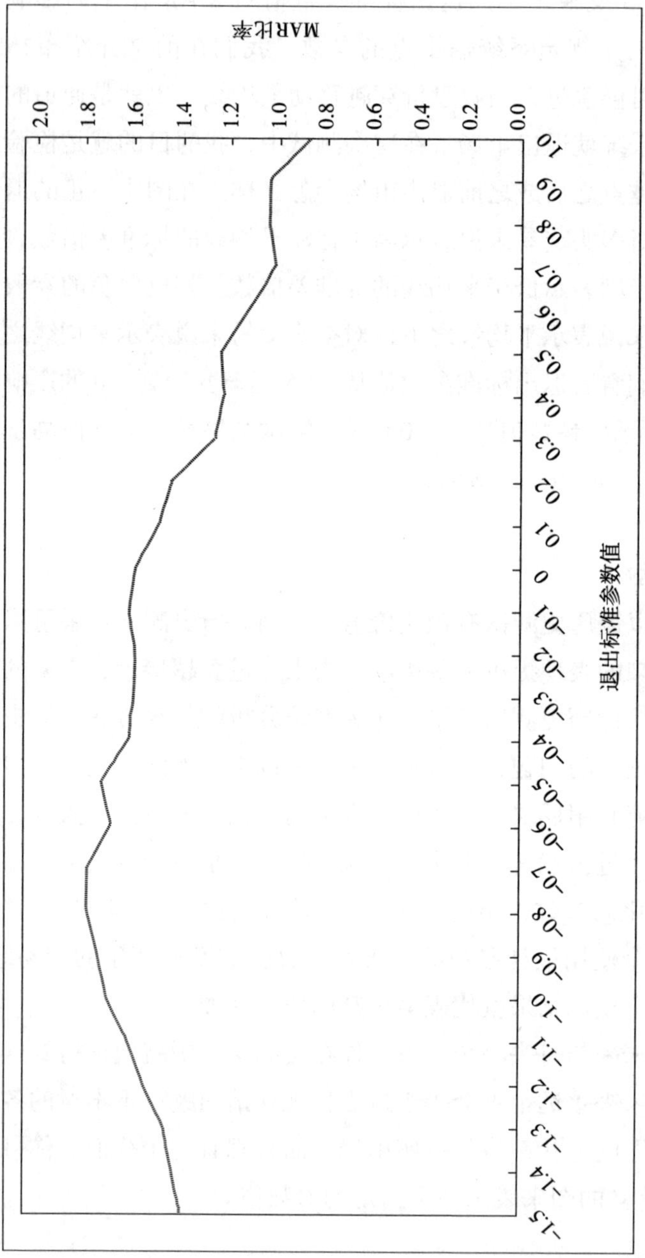

图 11-3　不同退出标准参数值对 MAR 比率的影响

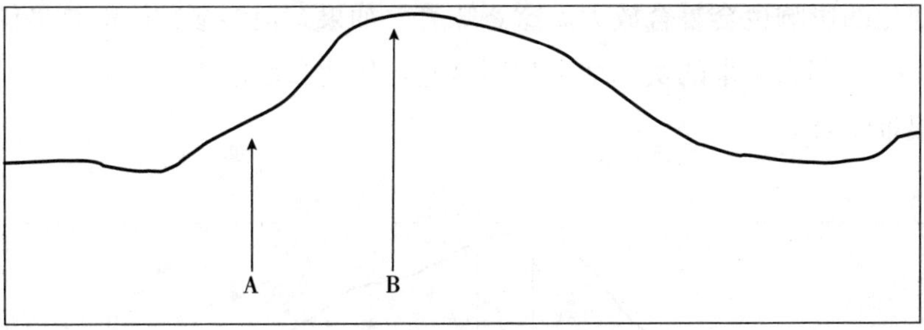

图 11-4　参数值 A 与 B 示例

如果说 A 值代表一个非最优化参数值，B 值代表一个最优化参数值，那么我会说 B 值用在实际交易中更好，但如果用 B 值，未来的实际交易结果可能逊于用 B 值进行历史测试的结果。

相反，A 值用在实际交易中不如 B 值，但它的预测价值更高，因为如果用 A 值进行交易，那么未来的实际结果与用 A 值进行历史测试的结果更为相符——也就是说，未来实际结果好于或逊于历史测试结果的可能性是相同的。

为什么？为了更好地理解这一点，让我们假设未来会发生很大的变化，以至图 11–4 中的曲线有可能要左移或右移一点儿，但我们不知道向左还是向右。图 11–5 中的 A、B 点左右都标出了一个变动范围，这代表着 A、B 点的相对位置在未来的可能移动范围，我们称为误差幅度。

对 A 点来说，如果它的相对位置左移，它所对应的系统表现就会降低；如果它的相对位置右移，它所对应的系统表现就会提高。因此，用 A 值进行测试的结果有不错的预测价值，因为不管未来如何变化，它高估和低估未来表现的可能性是相同的。

但 B 点就不一样了。不管向左移还是向右移，系统表现都会下降。这意味着用 B 值进行预测的结果很有可能高估未来的实际结果。假如这种效应通过多个不同的参数值复合而放大，那么未来变化的影响也会复合放大。这意味着，如果有很多参数值都是最优化的，那么未来的实际结果与用这些最优化参数值进行预测的结果很难吻合。

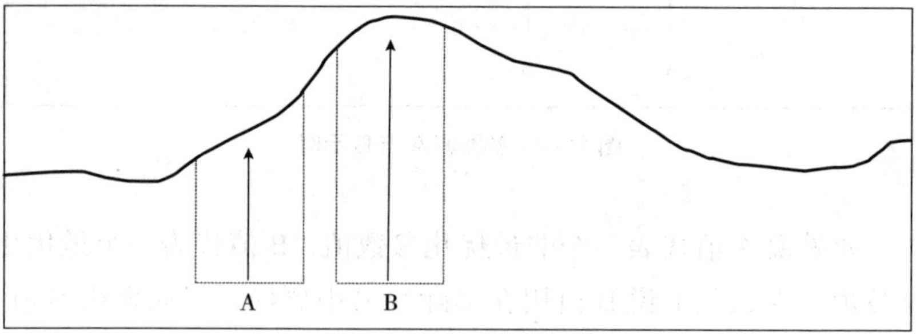

图 11-5　有误差幅度的参数值 A 与 B

但这并不意味着我们应该在实际交易中使用 A 值，因为即使未来的变化幅度相当可观，B 点附近的系统表现仍然高于 A 点附近的系统表现。因此，尽管最优化过程降低了预测价值，你仍然应该采用最优化参数，因为不管未来如何变化，最优化参数更有可能带来理想的结果。

最优化矛盾已经成了骗局和诡计的温床。有很多不道德的系统兜售者大肆炫耀他们靠特定市场上的最优化（特别是短期最优化）所得出的超高利润和系统不可思议的优异表现，但他们知道这样的历史测试结果不可能在实际交易中实现。不过，最优化会导致虚夸现象并不意味着我们不应该进行最优化。事实上，要想建立有效的交易系统，最优化是至关重要的。

过度拟合或曲线拟合

骗子们还会用其他方法来制造不切实际的历史测试结果。最胆大妄为的那些人会有意使用过度拟合或曲线拟合美化他们的系统。人们常常将过度拟合与最优化矛盾混为一谈，但实际上它们不是一回事。

过度拟合通常发生在系统变得过于复杂的时候。有时候，你可以通过添加法则来提高一个系统的历史表现，但这仅仅是因为这些法则影响了屈指可数的几笔重要交易。添加法则会导致过度拟合，这对发生在关键时期的交易来说尤其明显。比如，一条法则要求你在接近最高峰的时候退出一个特别大的盈利头寸，这当然会提高你的系统表现，但如果这条法则对其他情况没有充分的适用性，就是过度拟合。

我曾见过许多系统兜售者在一段相对低迷的时期后用这种手段提高他们的系统表现。他们有时会把修改过的系统称为原版系统的“加强版”或“二代”。如果你想购买这一类“加强”系统，你应该好好研究那些新添加的法则，确保那些改进不是过度拟合的结果。

我发现用极端的例子来说明一种现象往往有助于我们更好地理解它。所以，我想给出一个极端过度拟合的例子。我会从非常简单的双重移动平均线系统开始，然后添加一些法则，模拟数据的过度拟合。

我们知道，这个系统在最后 6 个月的测试期内经历了一次非常严重的衰落。所以，我会加入几条新法则，通过解决衰落问题来提高系统的表现。当衰落幅度达到一定水平时，我就把我的头寸规模降低到一定百分比；在衰落期结束后，我再把头寸恢复到正常水平。

让我们把这条新法则添加到系统中。这个法则有两个需要最优化的参数：一是头寸压缩的百分比，二是开始头寸压缩的衰落限制标准。根据模拟的净值曲线，我决定在衰落幅度达到 38% 的情况下把头寸减小 90%。添加这条法则大大提高了系统的表现，回报率从没有这条法则时的 41.4% 上升到了 45.7%，最大衰落则从 56%

下降到了 39.2%，MAR 比率从 0.74 上升到了 1.17。你可能会想："这是个很棒的法则，系统大有改善。"事实上，你完全错了！

问题在于，这个法则在整个测试期内只有这一次发挥了作用。它发生在测试期马上就要结束的时候，而我加入这条法则是因为我已经知道了净值曲线的形状。因此，系统已经被有意地进行了数据拟合。"这有什么大不了的？"你可能会问。那就让我们看看图 11–6，也就是不同衰落限制对 MAR 比率的影响。

很明显，当衰落限制下降到 37% 以下时，系统的表现急转直下。事实上，衰落限制只下调了 1%，系统就从每年盈利 45.7% 陡然变为每年亏损 0.4%。原因何在？原来，下调衰落限制后，这个法则将在 1996 年 8 月生效，导致我们大幅削减头寸规模，以至后期盈利太少，没能从衰落中恢复元气。由此可见，这条法则并没有那么好。它在第一次测试中有效仅仅是因为那次衰落发生在测试期即将结束的时候，头寸削减对后期表现的影响并没有体现出来。

参数值的微小变化却引发了交易结果的剧烈变化，这种现象被交易者称为峭壁。峭壁的出现是一个很好的信号，表明你可能已经犯了过度拟合的错误，而且你的实际交易结果可能会与测试中的结果大相径庭。峭壁现象也是我们认为参数最优化有益的原因之一：通过最优化程序，你可以发现峭壁，在开始交易之前就修正这个问题。

样本规模的统计学价值

正如我们在第二章中所说，人们往往对某种特定现象的少数事例过于重视，但却忽略了一个重要事实：从统计学上说，我们从寥寥几个例子中得不出太多的结论。这个问题就是过度拟合的主要缘由。添加某些不经常发挥作用的法则会无意中导致过度拟合，而这会造成事后测试结果与实际交易结果的差异。

这种情况经常在不经意间发生，因为大多数人都不会从这样的角度考虑问题。季节性因素就是一个很好的例子。如果你想用10年的数据来分析某个特定的季节性现象，你最多只有10个例子可用，因为你的测试期只有10年。这样的样本规模没有什么统计学价值，因此任何以这些数据为依据的测试都对未来的表现没有太多借鉴意义。

假设我们忽略了这个问题，想让计算机帮我们找到一个数据拟合的完美方法。你可能会发现系统有好几年的9月表现都不佳，于是你想加入一条法则，在每年的9月都将头寸削减到一定的比例。由于你有计算机，你可能想借助计算机模拟来找出所有季节性逆境时期，每到这样的时期，你就会削减你的头寸。

我把这样的方法用在了本章所说的系统中。我进行了4 000次测试，看了看季节性调整的效果：从每个月的月初开始削减头寸，在特定天数内削减一定的百分比，然后在特定天数后将头寸恢复到最初的规模。结果，我在10年的测试期内发现了两个可调整的时期。如果在每年9月的头两天以及每年7月的头25天都将头寸规模降低96%，系统的表现就会提高，提高多少呢？

加入这条法则后，回报率从45.7%上升到58.2%；衰落幅度略有提高，从39.2%变为39.4%；MAR比率则从1.17提高到1.48。乍一看，我们还是会认为：这是个很棒的法则，系统大有改善。

遗憾的是，这条法则生效仅仅是因为过去这两个时期发生过严重的衰落，并不是因为这两个时期有什么神奇之处。未来的同样时期再发生同样衰落的可能性并不大。这就是最糟糕的那种过度拟合，但你想不到有多少聪明人曾落入这样的陷阱。

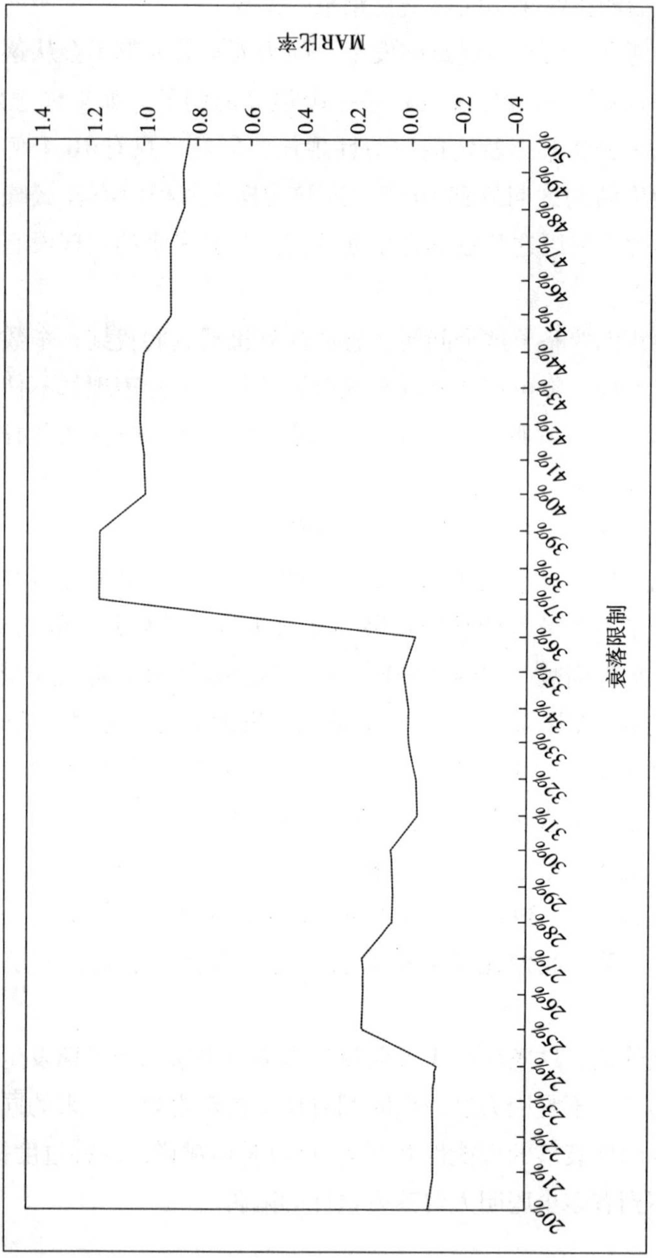

图 11−6　不同衰落限制对 MAR 比率的影响

如果不知情，你可能会以为这个系统非常好，可以用来进行交易。你甚至可能向朋友和家人吹嘘这个绝妙的系统，想从他们那里筹一笔钱。问题是，这个系统的实际回报率只有 41.4%，不是 58.2%；最大衰落是 56.0%，不是 39.4%；MAR 比率是 0.74，不是 1.48。系统的实际表现注定会令你大失所望，因为你已经被曲线拟合手段下的美好景象迷惑了。

接下来，我会谈谈如何避免本章中提到的这些问题。我会告诉你如何将交易者效应的影响最小化，从而判断一个系统真正的潜在效果，还会告诉你如何甄别随机效应，如何正确进行最优化，以及如何避免对历史数据过度拟合。

第十二章
历史测试的统计学基础

用拙劣的方法做交易就像是站在暴风骤雨中的一叶小舟上学杂耍。这当然不是办不到的，但踏踏实实地站在地上玩杂耍则容易得多。

你已经知道历史测试结果与现实不符的某些主要原因，现在你可能会想，“既然这样，我怎么才能知道我究竟能得到多大的回报？”，或者“我怎样才能避免第十一章中所说的那些问题？”，又或者“我怎样用正确的方法测试我的系统？”。本章将讨论历史测试的一般原理。要掌握本章的内容，你必须透彻地理解上一章所说的那些预测偏差的根本原因。因此，如果你在读上一章的时候只是走马观花地看了一下，我建议你先仔仔细细地重新读一遍。

在观察历史测试结果的时候，你对未来的趋势充其量只能有一个粗略的感觉。幸运的是，即使是粗略的认识也能赋予一个优秀交易者足够的优势。要理解你这种认识的误差幅度（或者说粗略程度）会受到哪些因素的影响，你需要掌握几个基本的统计学概念，这些概念都是历史测试的理论基础。我不喜欢那种充斥着数学公式和冗长论述的书，所以我会尽量少用数学公式，争取简明阐述。

测试样本的有效性

恰当的测试既要考虑影响测试解释的统计学概念，也要考虑这些解释的内在局限性。不恰当的测试可能导致你空有十足的信心，但实际上测试结果的预测价值缺乏保证，甚至完全没有保证。事实上，糟糕的测试可能会给出完全错误的答案。

至于历史测试为什么充其量只是对未来的粗略估计，大部分原因已经在第十一章中解释过了。本章要讲的是如何提高测试的预测价值，在可能的范围内得到最好的粗略估计结果。

通过样本特征推断总体特征是统计学中的一个知识点，也是历史测试结果对未来预测具有价值的理论基础。其中的核心观点是，如果你有足够的样本，你就可以用样本的情况去推断总体情况。因此，如果你对某一种特定交易策略的历史交易记录有充分的研究，你就可以对这种系统的未来潜力做出判断。民意调查者就是用这样的方法来推测广大民众的看法的。例如，他们可以从某个州随机抽取 500 人进行调查，借以推测整个州的选民持何种观点。类似的，科学家可以根据一个相对较小的病人群体来判断某种药物对某种疾病的治疗效果如何，因为这样的结论是有统计学依据的。

样本分析在统计学上的有效性受两大因素的影响：一个是样本规模，一个是样本对总体是否有代表性。从概念上说，许多交易者和系统测试新手知道样本规模的意思，但他们以为样本规模仅指他们所测试的交易次数。他们并不明白，假如某个法则或概念仅适用于少数几次交易，那么即使他们测试了上千次，也不足以确保这个结果具有统计学上的有效性。

他们也常常忽视样本对总体的代表性，因为这是个复杂的问题，没有一定的主观分析是很难衡量的。系统测试者假设过去的情况对未来的情况有代表性，如果这是事实，而且我们有足够的样本，我们就可以从过去的情况中得出结论，并且把这些结论应用于未来的交易。但如果我们的样本对未来不具代表性，那么我们的测试就毫无用处，对系统的未来表现也没有任何的指示意义。因此，这个假设至关重要。如果500人的样本足以告诉我们谁能当选新一任总统，而且样本的误差幅度不超过2%，在民主党全美大会中随机抽取的500个人就能反映全美选民的意向吗？当然不能，因为这个样本并不能代表总体——它只包含民主党人，但真正的选民还包括很多共和党人。共和党人的投票对象也许与你的民意调查结果不一致。即使你犯了这样的取样错误，你也能得出结论，或许还是你希望看到的结论，但这并不一定是正确的结论。

民意调查者知道，一个样本能在多大程度上代表总体是个关键问题。用不具代表性的样本得出的调查结论是不准确的，而犯下这种错误的民意调查者会被炒鱿鱼。在交易世界中，这也是一个关键问题。遗憾的是，交易者与民意调查者不同。民意调查者大多都懂抽样统计学，但交易者大多不懂。因此，近期偏好也许就是在交易者身上最常见的现象——交易者只注重近期发生的交易，或是仅用近期的数据做历史测试，这就像是在民主党大会上抽取选民样本一样。

短期测试的问题在于，市场在较短时间内可能仅出现了一两种状态，而不是我们在第二章中所说的全部4种状态。比如，如果市场一直处于稳定波动的状态，那么均值回归和反趋势策略的效果会非常好。但如果市场状态改变了，你的测试方法可能就不再那么有效了。所以，你的测试方法必须尽可能地提高你的样本对未来的代表性。

衡量指标的稳健性

在系统测试中，你要做的是观测相对表现，分析未来潜力，判定一个特定理念是否有价值。但这里有个问题，那就是公认的那些业绩衡量指标并不是非常稳定的，也就是说，它们不够稳健。这就使评判一个理念的相对优势变得非常困难，因为寥寥几次交易中的微小变化就能对这些不稳定指标的值产生巨大的影响。指标的不稳定性可能导致测试者过高地评价一个理念，或是盲目地抛弃一个本来很有潜力的理念——因为它受到了不稳定指标的影响，并没有展现出应有的潜力。

如果对数据稍做改变并不会显著影响一个统计指标，我们就说这个指标是稳健的。但现有的指标对数据的变化都太过敏感，因此都太不稳健。正因为如此，在我们对交易系统做历史模拟测试时，参数值的轻微变化就会带来某些指标值的大幅变化。这些指标本身就是不稳健的——也就是说，它们对数据的轻微变化太过敏感。任何对数据有影响的因素都会对测试结果产生过大的影响，这很容易导致数据过度拟合，让你被不切实际的测试结果迷惑。要想有效地测试海龟法则，我们要做的第一件事就是克服这个问题，找到稳健的业绩衡量指标。

在我最初参加海龟计划的面试时，比尔·埃克哈特就曾问过我这样一个问题："你知道什么是稳健的统计指标吗？"当时我茫然地呆坐了几秒钟，然后坦白说："我不知道。"现在我可以回答这个问题了。事实上，数学中有个专门研究不完全信息和错误假设的分支学科就叫作稳健统计学。

从这个问题中明显可以看出，比尔对测试和历史数据研究不够完善的本质有清醒的认识，对不确定性也颇有研究，这不仅在当时难能可贵，在今天依然如此。我相信这正是比尔能获得那种傲人业绩的原因之一。

这也又一次证明了里奇和比尔的研究和思维是多么领先于那个时代。我学到的越多，对他们在这个领域的贡献就越发敬畏。但我也惊讶地发现，相比里奇和比尔在1983年的认识水平，现在的交易行业并没有太大的进步。

前面的章节把MAR比率、平均复合增长率和夏普比率用作相对表现的衡量指标。但这些指标并不稳健，因为它们对测试期的起始日和终止日非常敏感。这对短于10年的测试来说尤其明显。让我们看看将一次测试的起始日和终止日调整几个月会怎么样。假设我们从1996年2月1日而不是1月1日开始测试，一直测试到2006年4月30日而不是6月30日。也就是说，我们去掉了最初的一个月和最后的两个月。

在最初的测试期内，三重移动平均线系统的测试得出了43.2%的回报率、1.39的MAR比率和1.25的夏普比率。但修改了起止日后，回报率上升到了46.2%，MAR比率提高到了1.61，夏普比率也提高到了1.37。ATR通道突破系统的最初测试结果是回报率51.7%，MAR比率1.31，夏普比率1.39。起止日调整后，回报率攀升到了54.9%，MAR比率上升到了1.49，夏普比率提高到了1.47。

这三个指标之所以都这样敏感，是因为回报率指标对测试期的起止日非常敏感，而回报率又是MAR比率和夏普比率的要素（对MAR比率来说是平均复合增长率，对夏普比率来说是月度平均回报率）。如果衰落发生在测试期的开端或结尾附近，那么最大衰落这个指标也会对测试期的起止日高度敏感。这会把MAR比率变得特别敏感，因为它的分子和分母部分都对测试起止日敏感，变化的效果也就在计算中成倍放大了。

平均复合增长率之所以对测试起止日敏感，是因为它在对数刻度图中就等于曲线起点和终点的连接线的斜率，而改变起止日会令这条直线的斜率大大改变。我们可以从图 12–1 中看到这种效果。

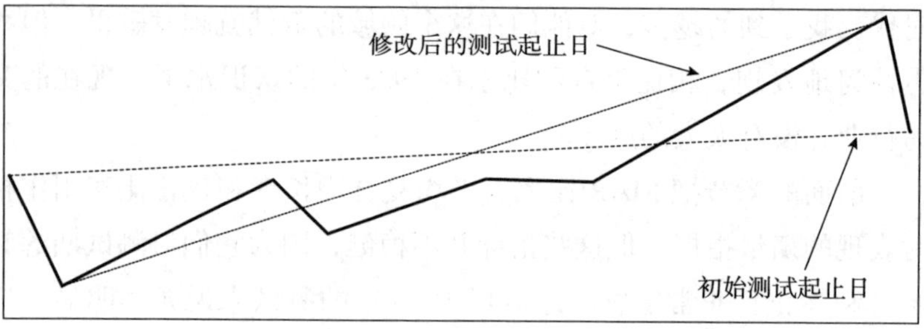

图 12–1　测试起止日的变化对平均复合增长率的影响

如图所示，标有“修改后的测试起止日”的直线斜率高于标有“初始测试起止日”的直线。在最初的测试中，1996 年 1 月发生了一次衰落，2006 年 5 月到 6 月又发生了一次。因此，我们在把测试期掐头去尾之后，也就剔除了这两次衰落。这在图 12–1 中看得很清楚：把前后两端的衰落去掉后，代表平均复合增长率的直线斜率大大提高了。

回归年度回报率

以上两条连线差异极大，但如果我们对所有可能连线上的所有点进行一次简单的线性回归分析，我们就能得到回报率的一个更好的衡量指标。如果你不喜欢数学，那我告诉你，回归线就是最符合散点分布趋势的一条线，有时候也被称为最佳拟合线。你可以把它理解为穿越所有散点中心位置的一条直线，回归过程就像是揪住散点图的两端将它不断拉伸，保持图形的整体方向不变，直到所有的起伏之处消失，聚合为一条直线。

线形回归线和它所代表的回报率为我们提供了一个新指标，我称之为回归年度回报率。这个指标对测试期起止日的变化远不像平均复合增长率那样敏感。从图 12–2 中可以看到，当回归年度回报率的测试起止日改变时，回归线斜率的变化要小得多。

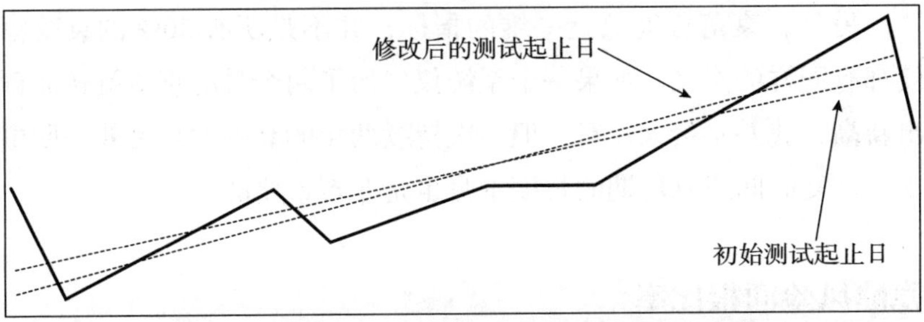

图 12–2　测试起止日的变化对回归年度回报率的影响

如果我们像比较平均复合增长率那样比较一下测试期变化前后的回归年度回报率，就会发现回归年度回报率这个指标对测试起止日的变化不像平均复合增长率那样敏感，因为前后两条回归线的斜率差异要小得多。初始测试的回归年度回报率是 54.67%，修改起止日之后变为 54.78%，仅仅提高了 0.11%。相比之下，平均复合增长率却从 43.2% 上升到 46.2%，有 3.0% 的变化。对这次测试来说，平均复合增长率对测试起止日的敏感度几乎是回归年度回报率的 30 倍。

用在夏普比率中的月度回报率指标同样对这样的变化非常敏感，因为我们去掉了前后两端三个表现不佳的月份，平均回报率当然会受到影响，尽管影响程度不像平均复合增长率那样大。在夏普比率的分子中用回归年度回报率指标更好。

正如前面所说，用于计算 MAR 比率的最大衰落指标也对测试起止日的变化高度敏感。只要最大衰落发生在测试期的前后任意一端，MAR 比率就会受到很大的影响。最大衰落只是净值曲线上的一个点，所以你并没有看到其他有价值的数据。一个包含更多衰落期的指标要好于这个指标。假如一个系统有 32%、34%、35%、35% 和 36% 这 5 次大幅衰落，而另一个系统的 5 次大衰落分别为 20%、25%、26%、29% 和 36%，那么后者的指标显然好于前者。

另外，衰落程度只是一维的指标，并不是所有 30% 的衰落幅度都有同样的意义。如果一个系统仅经历了两个月的衰落就转而创出新高，我并不会太在意，但一次持续两年的衰落就是另外一回事了。恢复时间或衰落期的长度本身也是非常重要的。

稳健风险回报比率

为了把上述所有因素都考虑在内，我发明了一个新的风险回报比指标，我称之为稳健风险回报比率。我也喜欢称之为 R 立方，因为我的骨子里还是有点儿技术遗风，习惯用这样的术语。R 立方的分子就是回归年度回报率，分母也是个新指标，我称之为长度调整平均最大衰落。这个分母指标有两个要素：平均最大衰落和长度调整。

平均最大衰落就是 5 次最大衰落幅度的平均值。长度调整就是将这 5 个衰落期的平均天数除以 365，然后用这个结果乘以平均最大衰落。平均衰落天数的计算原理与平均衰落幅度相同，也就是将 5 次衰落期的天数相加再除以 5。因此，如果回归年度回报率是 50%，平均最大衰落是 25%，平均衰落长度是 1 年，也就是 365 天，那么 R 立方就等于 2.0——也就是 50%/（25% × 365 天 /365）。作为一个风险回报比指标，R 立方从程度和时间这两个角度考虑了风险问题。它所使用的指标对测试起止日的变化并不是那么敏感，因此它比 MAR 比率指标更稳健——也就是说，它不太容易随着数据的轻微变动而发生大的变化。

稳健夏普比率

稳健夏普比率就是回归年度回报率除以年度化的月度回报标准差。这个指标对数据变化的敏感度较低，原因与回归年度回报率的敏感度低于平均复合增长率的原因相同，上面已经说过。如表 12–1 所示，稳健指标对测试起止日的变化远不如普通指标敏感。

表 12–1　普通指标与稳健指标

普通指标	测试期：1996 年 1 月—2006 年 6 月	测试期：1996 年 2 月—2006 年 4 月	变化幅度
平均复合增长率	51.7%	54.4%	5.2%
MAR 比率	1.31	1.47	12.2%
夏普比率	1.39	1.46	5%
稳健指标	**测试期：1996 年 1 月—2006 年 6 月**	**测试期：1996 年 2 月—2006 年 4 月**	**变化幅度**
回归年度回报率	54.7%	54.9%	0.4%
R 立方	3.31	3.63	9.7%
稳健夏普比率	1.58	1.6	1.3%

很明显，稳健指标的敏感度要低于现有的指标。R 立方指标虽然对首尾两个大衰落的去除也很敏感，但其敏感度要低于 MAR 比率。单次衰落的影响被 R 立方指标的平均化处理缓和了。所有的稳健指标受数据变化的影响都要小于相应的普通指标。假如新的测试没有改变最大衰落，那么 R 立方将与回归年度回报率一样只有 0.4% 的变化，而且与普通指标的差距将更大，因为 MAR 比率的变化幅度将达到 5.2%（等于它的分子平均复合增长率的变化幅度），远远大于回归年度回报率的 0.4%。

我们从第七章的6种基本交易系统的业绩对比中也能看出稳健指标的优越性。请回忆一下，当我们添加了2006年7—11月这5个月的数据后，所有6种系统的表现都显著下降。但从表12–2和表12–3中可以看出，在这最后几个月的相对不利条件下，稳健指标的状况要比普通指标好得多。表12–2对比了这些系统的回归年度回报率和平均复合增长率的变化情况。

表12–2 平均复合增长率与回归年度回报率的稳健性对比（单位：%）

系统	平均复合增长率			回归年度回报率		
	截至2006年6月	截至2006年11月	变化幅度	截至2006年6月	截至2006年11月	变化幅度
ATR通道突破	52.4	48.7	–7.0	54.7	55.0	0.5
布林通道突破	40.7	36.7	–9.8	40.4	40.7	0.6
唐奇安趋势	27.2	25.8	–5.2	28.0	26.7	–4.6
唐奇安定时	47.2	4	–0.4	45.4	44.8	–1.4
双重移动平均线	50.3	42.4	–15.7	55.0	53.6	–2.6
三重移动平均线	41.6	36.0	–13.5	41.3	40.8	–1.2
平均变化幅度			–8.6			–1.4

在这段时间内，回归年度回报率的变化幅度不到平均复合增长率的1/6。这表明回归年度回报率指标比平均复合增长率指标要稳健得多，也就是说，它在实际交易过程中会表现得更加稳定。R立方与MAR比率比起来同样如此。表12–3对比了这些系统的R立方和MAR比率的变化幅度。

表 12-3　R 立方与 MAR 比率的稳健性对比

系统	MAR 比率 截至 2006 年 6 月	MAR 比率 截至 2006 年 11 月	MAR 比率 变化幅度（%）	R 立方 截至 2006 年 6 月	R 立方 截至 2006 年 11 月	R 立方 变化幅度（%）
ATR 通道突破	1.35	1.25	−7.4	3.72	3.67	−1.4
布林通道突破	1.29	1.17	−9.3	3.48	3.31	−4.9
唐奇安趋势	0.76	0.72	−5.3	1.32	1.17	−11.4
唐奇安定时	1.17	1.17	−0.0	2.15	2.09	−2.8
双重移动平均线	1.29	0.77	−40.3	4.69	3.96	−15.6
三重移动平均线	1.32	0.86	−34.9	3.27	2.87	−12.2
平均变化幅度			−16.2			−8.0

R 立方在这段时间内的变化幅度大约是 MAR 比率的 1/2。

相比不稳健指标，稳健指标也不太容易受到运气因素的影响。比如，如果一个交易者因为恰好外出休假而幸运地避开了一次大衰落，他的 MAR 比率可能就比同行们高一些，但这种运气因素会在 R 立方上暴露出来，因为单单一次事件对 R 立方的影响并没有这么大。如果你用的是不稳健指标，那么你所得到的理想结果更有可能是好运所致，而不是可以利用的重复性市场行为模式。这也是我们使用稳健指标的另一个原因。

使用稳健指标还能帮助你避开过度拟合，它们不太容易因为数据的微小变动而发生大的变化。请回忆一下，我们在讨论过度拟合现象的时候曾经拿双重移动平均线系统做了个实验，添加了几条法则以提高它的表现。旨在降低衰落程度的新法则令系统的平均复合增长率从 41.4% 上升到 45.7%（涨幅为 10.4%），MAR 比率从 0.74 上升到 1.17（涨幅为 58%）。相比之下，稳健的回报率指标——回归年度回报率仅从 53.5% 上升到 53.75%，涨幅不过 0.5%，稳健的风险回报率指标 R 立方从 3.29 上升到 3.86，仅提高 17.3%。可见，稳健指标不太容易因为少数交易的调整而表现出大的改变。因此，由于曲线拟合手段往往只对少数交易有益，如果你使用稳健指标，你就不太容易用曲线拟合的手段来显著改善系统的表现。

下面让我们考虑一下其他几个对历史测试的预测价值有影响的因素。

样本的代表性

我们的样本交易和测试结果能在多大程度上代表未来的前景是由两大因素决定的：

· **市场数量：**我们所测试的市场越多，我们就越有可能将市场的各种不同状态包含在内。

· **测试时间：**时间跨度较长的测试会涵盖更多的市场状态，而且更有可能将能代表未来的历史时期包含在内。

我建议你把你能得到的所有数据都测试一遍。买数据花不了太多的钱，但如果你没有对多个市场的多年数据进行充分测试就盲目地相信一个系统，那你的风险可就大了。假如你的系统第一次碰上某种市场状态就失效了，但这种状态在过去 20 年中已经出现过三四次，只不过你并没有测试过它，那么你不会觉得自己很愚蠢吗？

年轻的交易者特别容易犯这种错误。他们认为自己所看到的状态就能代表市场整体状态，却往往意识不到市场具有周期性和多变性，经常回到过去曾经出现过的状态。就像在生活中一样，年轻人往往看不到历史的价值，就因为历史发生在他们出生之前。年轻是好事，但不要太愚蠢——一定要学习历史。

还记得吗，在互联网泡沫时代，每个人都是短线高手，每个人都是天才。但当泡沫突然破裂，曾经大获成功的方法不再有效时，这些天才又有几个能幸存下来？如果他们做过一点儿测试，就会知道他们的方法是以那个黄金时期的特殊市场状态为依托的，因此当这种状态不再存在时，他们会选择放弃这些方法。也有可能，他们从一开始就会采用适用所有状态的稳健的方法。

样本规模

样本规模这个概念很简单：你需要足够的样本才能进行有效的统计学推理。样本越少，推理就越粗糙；样本越多，推理就越准确。这方面不存在某个神奇的标准数字，样本就是越多越好，越少越糟。不到 20 的样本规模会导致严重的偏差；超过 100 的样本规模更具预测价值；达到数百的样本规模也许对大多数测试来说就够用了。有些公式和方法会明确地规定样本的必要规模，但遗憾的是，这些公式都不是为交易世界中的那些数据设计的，因为交易世界不存在精细而又规律的潜在收益分布曲线。

不过，真正的挑战并不在于确定样本的必要规模，而在于当你考虑某个并不经常发挥作用的法则时，你很难评判从过去的数据中得出的推论。因为对这样的法则来说,你没办法得到足够多的样本。以大泡沫濒临破裂时的市场行为为例，你可以想出某些针对这种市场状态的法则，甚至可以检验这些法则，但你不可能搜集到做出决定所需要的足够多的样本。在这种情况下，我们必须明白我们的测试结果不具备太大的说服力，因为我们的样本比必要样本少得多。这个问题也存在于前文所说的季节性趋势的分析中。

你在测试一条新法则时，必须衡量一下这个法则的应用频率。如果一条法则在整个测试期内只有 4 次生效，那么从统计学上说，你无法判断这条法则是否有用，你所看到的效果很有可能只是随机性的。有个办法可以解决这个问题：你可以设法将这条法则一般化，提高它发挥作用的频率。这样一来，样本规模就会扩大，这个测试在统计学上的可靠性也就相应地提高了。

有两种常见的做法可能将样本规模过小的问题进一步放大：一个是单一市场最优化，一个是系统设计过于复杂。

· **单一市场最优化**：单独应用在各个市场中的最优化方法更难用足够多的样本进行测试，因为单个市场上的交易机会要少得多。

· **过于复杂的系统**：复杂的系统有很多法则，有时候很难判断某一条法则能发挥多大的作用。因此，如果用过于复杂的系统进行测试，我们更难对测试结果的可靠性抱有信心。

出于这些原因，我不建议针对单个市场进行最优化，而且我更喜欢具备统计学意义的简单理念。

从虚拟测试到实战交易

怎么判断你在实战交易中可能获得什么样的成果？对历史测试来说，这或许是最有趣的问题之一。

要想得到有意义的答案，你必须理解影响系统表现的因素，使用稳健指标的必要性，以及采集足够多代表性样本的重要性。一旦你做到了这一点，你就可以开始思考市场变换的潜在影响，思考为什么连老练的交易者设计的优秀系统也会经历业绩的盛衰起伏。你不可能知道，也不可能预见一个系统的表现，这是事实。充其量，你只能借用有效的工具来判断系统的潜在效果，以及影响这种效果的因素。

幸运的系统

如果一个系统在最近一段时间表现得特别出众，这有可能是运气的原因,或许这段时间的市场对这种系统来说正处于理想的状态。一般来说，这种冒尖的系统在好时期过后很容易转入困难时期，不能指望它在未来重现这种出众的表现。好运也许会出现，但如果只寄希望于运气，你更有可能经历的是业绩下滑。

参数调整测试

在决定采用一个系统之前先检验一下参数的作用是个很好的习惯，我称之为参数调整测试。你可以挑出几个系统参数，大幅调整参数值，比如调整 20%~25%，然后看看效果怎么样。以图 11–2 和图 11–3 的最优化曲线为例，你可以把参数值调整到远离最优点的地方。对这个布林通道系统来说，我想看看把 350 天和 –0.8 的最优化退出标准变为 250 天和 0 会怎么样。结果，参数的调整令回归年度回报率从 59% 变为 58%，R 立方从 3.67 变为 2.18，这是相当显著的变化。当你从历史数据测试转向市场实战时，你很有可能看到这样的戏剧性变化。

滚动最优化窗口

还有一个方法可以帮助你直接体验从虚拟测试到实战交易的转变，那就是滚动最优化窗口。随便选择 8~10 年前的一天，用这一天之前的所有数据进行最优化——你要使用平常所用的最优化方法，做出你平常会做出的权衡决定，就如同你只有截至那一天的数据。当你得出“最优化”参数值后，再用这一天之后两年内的数据测试一下这些参数值。系统在这两年内表现得怎么样呢？

接下来，把测试终点向后顺延两年（也就是 6~8 年前的一天），再测试一次。比起上一次测试和上一个滚动窗口，这一次有什么变化？

比起最初的参数值，也就是用所有可用数据计算出的最优值，这一次又有什么不同？继续向后顺延，重复这个程序，直到延伸至今天。

我用这个方法对布林通道系统进行了最优化。在测试过程中，我对三个参数的值都进行了大范围调整测试，然后根据最优位置（一般来说接近 R 立方值达到最大时的那个点）选出最优值。我分别做了 5 次 10 年期测试，最后的滚动最优化结果如表 12–4 所示。

表 12–4 滚动最优化窗口测试与实际回归年度回报率

测试期（年）	移动平均线（天）	入市标准	退出标准	测试回归年度回报率（%）	实际回归年度回报率（%）	差异（%）	测试 R 立方	实际 R 立方	差异（%）
1989—1998	280	1.8	–0.8	55.0	58.5	6.4	7.34	5.60	–23.7
1991—2000	280	1.8	–0.5	58.5	58.8	0.5	5.60	5.32	–5.0
1993—2002	260	1.7	–0.7	58.5	59.3	1.4	7.68	3.94	–9.7
1995—2004	290	1.7	–0.6	63.9	57.7	–49	5.53	3.90	–29.5
1997—2006	290	1.7	–0.6	55.1	N/A	N/A	3.90	N/A	N/A

可以看到，在每一个滚动期中，实际表现都与测试值大相径庭。另外，不同滚动期的最优值也不尽相同。这证明了测试结果的不精确，也反映了从虚拟测试转向实战交易时具有不确定性。

蒙特卡洛模拟

蒙特卡洛模拟是判断系统稳健性的一种方法，可以回答这样的问题：如果把历史稍做变化会怎么样？未来又会怎么样？通过蒙特卡洛模拟，你可以用代表历史真实数据的一系列事件来生成另外一种略有变化的别样景象。

有些方法采用随机数据来模拟某种特定现象，蒙特卡洛模拟就是这类方法的统称。对不可能或很难用数学方法来精确描述的现象来说，这种方法最为有用。蒙特卡洛这个词取自摩纳哥那座以赌博业闻名的城市，因为蒙特卡洛的赌场中有很多由随机事件决定结果的游戏：轮盘赌、掷骰子、21点等。研制原子弹的那些科学家曾在“曼哈顿计划”中使用过这种方法，它的名字就来自那个时期。

这些科学家必须确定铀的裂变特征才能知道制造一颗原子弹需要多少铀。由于浓缩铀昂贵之极，他们承受不起判断失误的代价。如果原子弹因为铀太少而无法引爆，他们会白白浪费几个月的时间，更别说浪费许多钱了。同样，如果他们高估了铀的用量，他们也会浪费几个月的测试时间。不幸的是，铀原子在炸弹内部的交互作用太过复杂，用当时的方法不可能对其进行准确建模。计算机可以完成这个任务，但那个时候还没有现在这样的计算机。

一次原子裂变会释放出大量中子，一定比例的中子就能引发另一次原子裂变。为了确定可裂变铀的必要用量，科学家必须知道这个比例是多少。著名物理学家理查德·费曼想出了一个办法：让一组数学家研究一个中子在交互作用中的变化，确定这个中子究竟是被另一个原子核吸收，还是会分裂出另一个原子。费曼意识到，他们可以用随机数字来代表原子裂变时所释放出的各种中子。测试上数千次，他们就能发现铀裂变特征的准确分布规律，也就能确定铀的必要用量。费曼知道，尽管整个过程太过复杂，他无法预知未来，但他起码能从他熟悉的角度出发，抓住问题的主要方面，通过用随机数字模拟中子属性来获得整个问题的答案。这样，他不必准确地预测每一个原子在每一点的运动，就能掌握铀裂变特征的本质。

别样景象

市场甚至比核裂变反应还要复杂。市场是由成千上万的人组成的，每个人都会根据自己的经验和判断来做出决定，这些决定比中子的运动变化还难预测。幸运的是，就像费曼用随机数字分析铀裂变特征一样，我们也可以借助随机数字更好地认识一个交易系统的潜在特征，即使我们无法预见未来。假如把过去的事情稍做变化，历史会变成什么样？我们可以用蒙特卡洛模拟来生成这种别样景象。

要用蒙特卡洛模拟来生成别样景象，有两种常见方法：

· **交易调整**：随机改变实际模拟结果中的交易命令和起止日，然后用调整后的交易命令和这些交易的损益水平来调整资产净值。

· **净值曲线调整**：在初始净值曲线中随机选择一些部分，将它们组合成新的净值曲线。

在这两种方法中，净值曲线调整所生成的别样净值曲线更具参考性，因为随机改变交易命令的蒙特卡洛模拟很容易低估衰落的可能性。

最大衰落总是发生在大趋势的末端或资产呈增长趋势的时期。因为在这些时候，市场之间的相关性要高于平时。期货和股票市场都是如此。当大趋势在走到尽头后崩溃并逆转时，似乎所有事情都开始对你不利，即使是平常看似不相关的市场，也开始在这些起伏不定的日子相互影响了。

由于交易调整法去除了交易和日期的关联性，也去除了多个同时逆转的交易对净值曲线的不利影响。这意味着蒙特卡洛模拟中的衰落程度和频率要比现实中低。以 2006 年春季的黄金和白银走势为例。如果你检验的是一个同时涉足这两个市场的趋势跟踪系统，那么交易调整意味着你在这两个市场上的衰落损失将发生在不同的时期，这等于缓和了每一个市场的衰落程度。事实上，这种效果也会延伸到其他几个相对意想不到的市场上，比如食用糖市场。像黄金和白银一样，食用糖市场在 2006 年 5 月中旬至 6 月中旬的 20 个交易日内也发生了严重的衰落。因此交易调整不可取，因为它低估了中长期系统在实际交易中的衰落水平。

1987 年的股市崩溃也是这种现象的一个例子。在欧洲美元大幅跳空高开的那一天，许多平常并不相关的市场也一起剧烈跳空，令我损失惨重。进行交易调整的蒙特卡洛模拟容易忽视这种非常现实的事件，因为它会将交易日期分散，以至它们的不利变化不会发生在同一天。

许多有蒙特卡洛模拟功能的软件可以用净值曲线调整法生成新的曲线，但它们没有考虑到另外一个重要的问题。根据我的测试和实践经验，我发现大趋势末端的衰落时间和程度远不是随机模拟结果可以比拟的。在大衰落期间，趋势跟踪系统的净值曲线呈现出序列相关性。也就是说，今天的资产变化与前一天的资产变化是相互关联的。更简单地说，坏日子往往集中出现，接踵而至，这并不是随机性事件的特征。

仍以 2006 年春季的黄金、白银和食用糖市场为例，如果你调整的仅仅是资产净值的每日变化，那么从 5 月中旬到 6 月中旬的一连串剧烈变化将会消失，因为如果你只是随机性地从概率分布曲线甚至是真正的净值曲线中抽取数据，这样的巨变就不太可能集中爆发。

考虑到这个问题，我们公司的模拟软件在调整净值曲线的时候也允许随机截取多个交易日的整段曲线，而不仅仅是单个交易日的数据。这样，模拟净值曲线就会把集中的不利变化保留下来，如实反映实际交易中的状况。我在测试中采用了截取 20 日整段曲线的调整方法，我发现，这种方法可以把净值曲线的自动序列关联保留下来，让模拟结果更具现实参考价值。

别样净值曲线

当我们用蒙特卡洛模拟生成别样净值曲线后，我们如何利用它们呢？事实上，我们可以用这些新曲线为某一个特定指标建立业绩分布图。假如未来的情况与我们在模拟时生成的景象有任何相似之处，那么未来的业绩潜力就会反映在这个分布图中。图 12–3 就是这样一个分布图。我们模拟生成了 2 000 条别样净值曲线，计算了每一条曲线的回归年度回报率，然后在图上画出了结果的分布状况。

图中可见，有一条垂直线在图形上部穿越了曲线，它所对应的回归年度回报率就是置信度 90% 的回归年度回报率，也就是说，所有模拟曲线中有 90% 的回归年度回报率高于这个值。对本例来说，2 000 次模拟中有 90% 得出了大于 42% 的回归年度回报率。

像这样的图非常有用，因为你可以从中认识到未来不可确知，有很多种可能性。不过你也不要深究这类报告的细枝末节。不要忘了，这些数据来自模拟的净值曲线，而净值曲线以历史数据为基础，自然摆脱不了第十一章所说的所有潜在缺陷。如果最初的测试就很糟糕，那么蒙特卡洛模拟也不会是救世主，因为它本身就源自最初的测试，不可能超然于原始数据。如果最优化矛盾导致回归年度回报率被高估了 20%，那么蒙特卡洛模拟所生成的别样净值曲线同样会将回归年度回报率高估 20%，因为它使用的是同样的最优化参数值。

综上所述，历史测试充其量只是对未来趋势的粗略估计。稳健指标对未来表现的预测价值要高于较为敏感的指标，但仍然谈不上精确。如果某个人承诺你的回报一定能达到某种水平，这个人要么在撒谎，要么根本是个外行；假如这个人正在向你推销某样东西，我强烈怀疑他属于前一种情况。

下一章将介绍一些保护性的交易方法。使用这些方法，你的交易会更加稳健，也就是说，你不再那么容易遭受大起大落之苦。

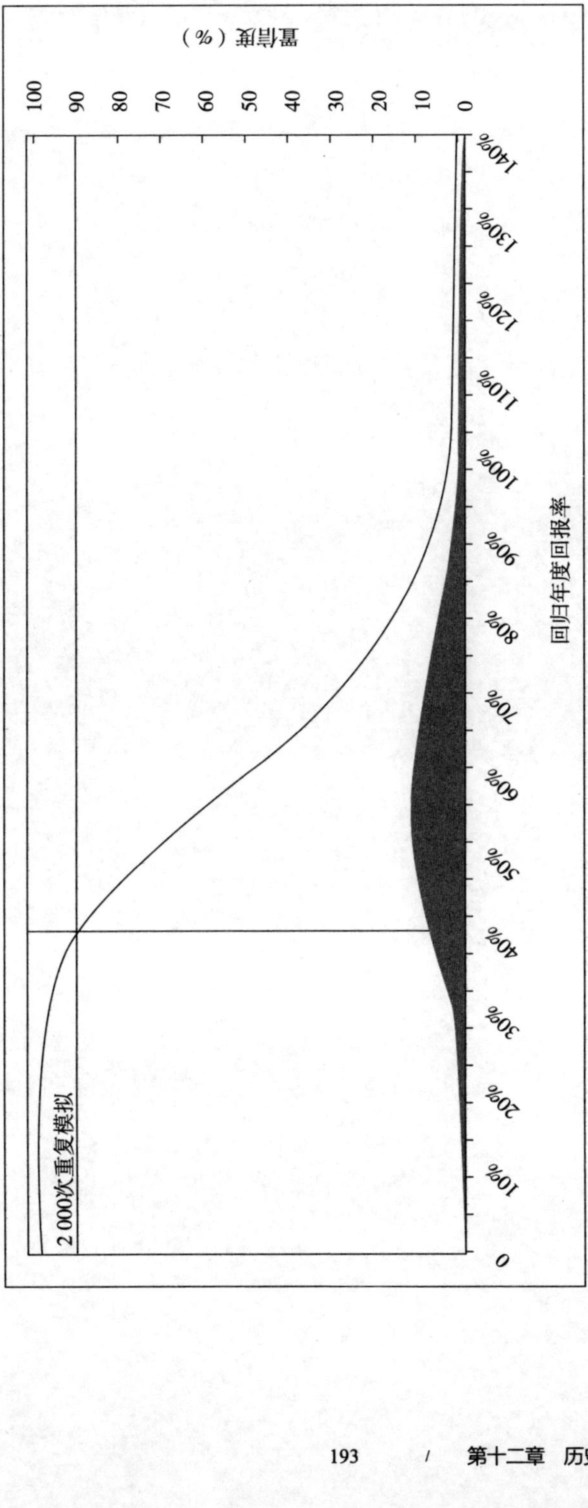

图 12-3 蒙特卡洛模拟生成的回归年度回报率分布图

第十三章
防卫系统

交易不是赛跑，而是拳击。市场会挥动铁拳痛击你，竭尽全力打败你。要想获胜，你必须在12个回合的结束钟声敲响时仍然安然无恙地站立在拳击台上。

新手在设计交易系统的时候，总想靠历史测试找到一个所向披靡的超级系统。他们相信，在历史测试中表现出众的系统在未来同样会出类拔萃。假如他们在测试中发现某个系统（暂时称为欧米伽系统）的平均复合增长率和 MAR 比率比另一个系统（暂时称为阿尔法系统）分别高上 10% 和 0.2%，他们一定会选择欧米伽系统。因为在他们看来，既然欧米伽系统看起来比阿尔法系统好这么多，那么选择阿尔法系统就是愚蠢的。

随着经验的积累，你会认识到世界上不存在完美的系统。欧米伽系统也许在某些市场状态下表现得更好，而且，由于最有利于欧米伽系统的市场状态在过去一段时间一直占据主流，它在历史测试中的表现也许要远强于阿尔法系统。但遗憾的是，谁也不敢保证这样的市场状态在未来也会占据主流。换句话说，未来的市场状态也许会不同于过去。所以，如果欧米伽系统与阿尔法系统在测试中的差异只是由市场状态的某种分布规律决定的，那么一旦市场规律在未来有所变化，这种差异也有可能不复存在。

举个例子。假设欧米伽系统的表现在平静的趋势下远强于阿尔法系统，而阿尔法系统在波动的趋势下的表现要优于欧米伽系统；在 20 年的测试期中，市场有 13 年以平静的趋势为主，只有 7 年以波动的趋势为主，如果同样的分布规律在未来重现，欧米伽系统的未来表现就会优于阿尔法系统。

但是，如果这 7 年的波动性趋势有 5 年出现在过去的 10 年中呢？如果交易者效应带来了市场行为的变化，致使未来的趋势变得更具波动性呢？如果是这样，未来的优胜者更有可能是阿尔法系统，因为它在波动的趋势中表现得更好。相反，如果市场呈现周期性特征，总是在平静和波动两种状态间交替变换，结果又会怎么样？这岂不是意味着欧米伽系统在未来会更胜一筹吗？因为当市场从近期的波动状态再次返回平静状态时，欧米伽系统的表现会优于阿尔法系统。

不可预知的未来

在很多时候，我们会因为没有掌握足够的信息而无法做出有把握的决定。原因就在于数据的缺乏。考虑一下“QQQVVQ”这个序列符号：假如这代表着平静期（Q）和波动期（V）的交替变化，我们能不能从中断定未来的市场更有可能处于平静期还是波动期？如果你仔细看过前面的章节，你会意识到，我们从这样少的样本中还得不出任何确凿的结论。即使我们看到了一个更大的序列，比如“VQQVQVVQQQQVVQ”，而且这看起来像是一种周期性变换，我们仍然没有足够的数据来得出这种论断。

在这类情况下，我们最好接受现实，承认我们没有足够多的数据，无法判断未来会怎么样。因此，我们无法准确地预测系统在未来的相对表现，充其量只能泛泛而谈。对这一点的成熟认识对建立一个稳健的交易系统至关重要，就像交易世界中的其他许多问题一样，认清现实是关键性的第一步。一旦你认清了现实，你就可以做出符合现实的决定，然后相应地调整你的行为。

稳健交易策略的两大特征

所谓稳健交易策略，就是用稳健的交易行为抵御市场波动的风险。要做到这一点，你必须首先接受一个现实：没有人可以预知未来，而且任何以历史数据为基础的测试都有相当大的内在偏差。

颇有讽刺意味的是，一旦你的交易策略考虑到了未来的不可知性，你的业绩表现反而会变得更加容易预测。这看似矛盾，其实原因很简单：如果你的交易策略以未来不可知的假设为基础，那么未来的任何市场状态都已在你的意料之中，你不需要预测什么。相反，如果你的交易策略以某些特定的市场特征假设（实际上任何假设都一样）为基础，那么一旦这些假设未能成立，你的策略就失去了立足点。

那么，我们如何制定一套不依赖特定市场条件的交易策略呢？任何稳健的交易策略都有两大特征：分散化和简化。说到这两大要素对稳健性的贡献，我们的大自然提供了最好的例子。在这方面，我们可以把交易系统的稳健性形象地比作生态系统和此系统内各个物种的生存能力。

分散化

在生态系统中，大自然不会仅靠一两个物种去完成一个任务。大自然中不会只有一种食肉动物，只有一种食物源，只有一种食草动物，只有一种负责清理尸骸的食腐动物。分散化非常重要，因为它可以避免生态系统在某种生物的数量急剧变化的情况下陷于被动。

简化

在稳定的环境中，复杂的生态系统更有韧性，复杂的物种似乎也远优于简单的物种。但在变化时期，复杂的物种更容易灭亡，因为在这些时候，最坚强的物种都是非常简单的物种，比如病毒和细菌。简单的生命体之所以更坚强，是因为它们并不那么依赖特殊的环境。无论流星撞上地球还是火山爆发造成的温度剧降，当生态系统发生这类天翻地覆的变化时,简单会成为一个巨大的优势。相反，如果气候变了，生物对旧气候的依赖将是一个巨大的劣势。

也有一些复杂的物种非常坚强,可以在各种各样的条件下生存。这些物种一般是在多变的气候或条件下演化而来的，因此练就了适应变化的能力。这些坚强的物种就是我们建立稳健交易系统的榜样。

我们已经考虑了稳健性的两个要素——分散化和简化，现在让我们看看如何从这两个方面加强我们的交易策略。有些法则会加剧交易对特殊市场条件的依赖，尽可能地减少这类法则就是简化的要诀。要提高分散化程度，我们可以选择尽可能多的非关联市场，或者在同一时间使用多种不同的交易系统——这样，无论未来的市场状况如何，你的投资组合中总会有一些表现良好的系统。

加强系统的稳健性

加强系统的稳健性有两大要点，一是确保系统法则能适应各种不同的市场条件，二是让系统保持简单，使其不容易受市场变化的影响。

你可以通过增强系统适应不同市场条件的能力来提高系统的稳

健性。这样的系统有超强的适应性，就像是自然界中的那些有能力在多变环境中生存的生物体。人类就是一个例子。人既可以生活在撒哈拉沙漠，也可以生活在北极的冰天雪地中，因为人类的高智能使其有能力适应这些天差地别的环境。

任何系统都有更适合自己的市场状态。趋势跟踪系统在平静的市场中表现更好，反趋势系统在稳定中有波动的市场中表现更好。一个过滤器之所以能让一个系统更加稳健，就是因为它能把处于不利状态的市场剔除。唐奇安趋势系统的趋势组合过滤器就是个例子。这个过滤器禁止在突破方向与大趋势相反时进行交易，而这样的情况只有在不利的市场状态下才会发生。与大趋势方向一致的突破则更容易发生在有趋势的市场中，加入这个过滤器会让系统变得更加稳健。

同样，简单的法则能提高系统的稳健性，正是因为这样的法则能在各种不同情况下发挥作用。复杂的系统之所以变得这样复杂，一般是因为系统开发者总想添加新的法则，利用他们所注意到的某些市场状态或行为。这样的法则越多，系统对特定市场状态或行为的依赖性就越高。这样一来，未来的市场不具备这些条件的可能性就越大，而在不具备条件的市场中，这些复杂的法则不再生效。

相比这些根据特殊市场行为而“量身定做”的复杂法则，以更加基础的概念为核心的简单法则在实战交易中的适用性更强。长久来看，简单的系统生命力更强。

选择多个不同的市场

选择多个不同的市场是提高交易稳健性最有效的方法之一。市场越多，你就越有可能在至少某一个市场中碰到有利于你的状态。对趋势跟踪系统来说，你参与的市场越多，其中某个市场存在趋势的可能性就越大。

这意味着你的资产组合中应该包含尽可能多的市场，而且这些市场中必须有新机会出现，所以它们相互之间不能有太高的关联性。比如，有几种美国短期利率产品几乎总是同涨同跌，选择多个这样的市场并不能提高你资产组合的分散化水平。

如果你的系统不要求从早到晚紧密地监视市场动向，你可以考虑境外市场。这些市场对分散化大有帮助，可以提高交易的稳健性和连贯性。本书曾提到一些根据收盘价数据在开盘时买入的系统，对这样的系统来说，全球市场有更好的用武之地，因为如果你关心的只是收盘价和开盘价，时差问题就不是那么重要了。

如何选择市场

TradeStation 自动交易软件是迄今为止最流行的系统测试平台，但它有一个极大的局限性：不能在同一时间测试多个市场。这便带来了一个副作用：很多交易者的着眼点是单个市场，而不是整个投资组合。正因如此，很多人错误地认为某些市场不能纳入投资组合，理由是这些市场无利可图，或者表现逊于其他市场。

这种看法有两个问题。其一，有些市场可能每隔几年才会出现一次趋势，因此 5~10 年的短期测试并不能充分地反映它们的潜力。其二，有的市场虽然利润水平不理想，但却有很大的分散化价值，而且两者经过权衡后利大于弊。

以第四章说过的可可市场为例。还记得吗？这个市场在遭受了一连串损失之后才形成一个好趋势。这种情况是很常见的。还有一个特别值得一提的例子是我在海龟时代的经历。在 1985 年年初，里奇要求我们不要再交易咖啡。我想这是因为咖啡市场的容量对我们来说太小，而且我们的可可交易一直在赔钱。就是这个决定导致我们错失了整个海龟时代最好的一个机会（见图 13-1）。

由于没有进行这次交易，我没法准确地告诉你我的损失有多大，我用1986年3月的咖啡合约数据做了一次测试。在入市点，N值是1.29美分，这意味着我的头寸单位规模应该是103份合约，因为我在1985年一直在用一个500万美元的账户做交易。由于每次交易4个头寸单位，我在这次交易中应该买入412份合约。每份合约的利润大约是34 000美元，因此412份合约的总利润将是1 400万美元左右——也就是说，这一次交易的回报率达到了500万美元账户资本的280%。在海龟时代，没有任何一次交易能比得上这个与我们擦肩而过的机会。

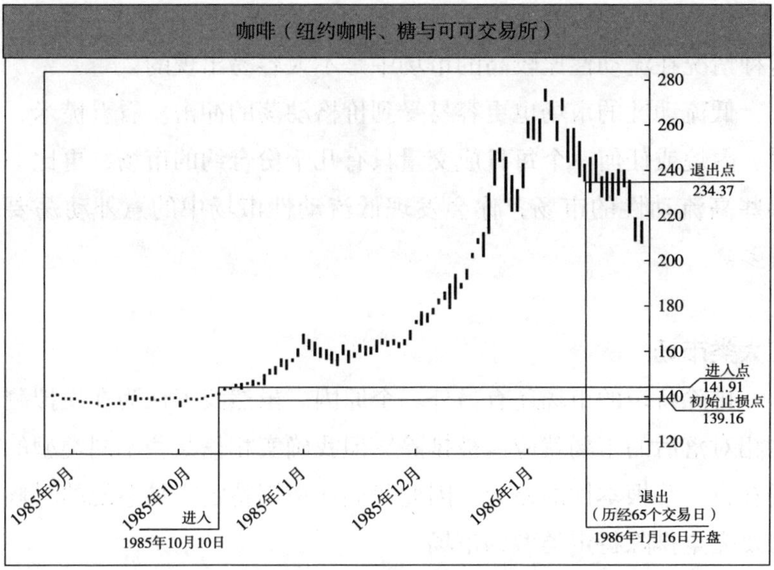

图13-1 我们错失的咖啡交易机会

但这是否意味着我们要不加选择地囊括所有市场呢？我们是不是没理由将某一个市场排除在外呢？当然不是。排除某个市场的主要原因在于流动性问题。比起高流动性的市场，交易不够活跃、成交量不够大的市场要棘手得多。你做得越出色，这个因素对你的限制就越大。这就是里奇禁止我们交易咖啡的原因。我们的交易量本身就很大，再加上里奇的交易，我们在进入和退出市场的时候要买卖数千份咖啡合约。这当然已经接近市场容量的极限。因此，里奇的决定是非常合理的，尽管我宁愿他没有做出这个决定。

你可能会想，如果你的账户很小，你就可以选择这种低流动性的市场。这有可能是对的，但也有可能是错的，要看你用的是什么样的系统。低流动性市场的问题并不在于你在平时难以进入和退出，而在于你在某些特殊的情况下有太多的合约要买卖，但另一边却无人回应。市场流动性低意味着买家和卖家太少，所以，你的 200 或 500 份合约的买单可能等上一天也没法成交，因为根本没有卖家。这种情况在流动性比较高的市场中是不太容易出现的。

低流动性的市场也更容易受到价格动荡的冲击。看看糙米、木材、丙烷或任何一个每日成交量只有几千份合约的市场，再比一比那些高流动性的市场，你会发现低流动性市场中的意外动荡要多得多。

三大类市场

排除特定的市场还有另外一个原因。虽然我不认为在模拟测试中相对落后的市场就应该被排除，但我确实相信某些不同类型的市场存在一些根本性的差异，因此我们在使用特定交易系统的时候有必要完全排除特定类型的市场。

有些交易者认为每个市场都不尽相同，因此每个市场的交易方式也各不相同。我认为现实并没有这么简单。在我看来，市场实际上分为三大类，它们彼此之间有明显的差异，但在同一类别中，不同市场间的差别主要是由随机事件造成的。这三大类市场是：

1. 基本面市场。比如外汇市场和利率产品市场。在这样的市场中，价格变动的主要动因并不是交易行为，而是更高层面上的宏观经济事件和影响。随着时代的变化，这一点变得越来越不明显。但在我看来，美联储、其他国家的类似机构和一国政府的货币政策对外汇和利率产品市场的影响仍然要大于投机者。这些市场的流动性最高，趋势最清晰，最容易被趋势跟踪者把握。

2. 投机者市场。比如股票市场和咖啡、黄金、白银、原油等期货市场。在这些市场中，投机者的影响力要大于政府或那些大的对冲者。价格是由市场状态决定的。这类市场对趋势跟踪者来说较难把握。

3. 综合衍生市场。在这类市场中，投机行为是市场的主要动力，但投机程度有所缓和，因为交易工具都是其他市场的衍生品，而这些市场本身也是相应股票的综合体。E–迷你标准普尔 500 指数期货合约就是个好例子。它也会上下波动，但波动范围受标准普尔 500 指数的限制。同样，标准普尔 500 指数也只是间接地受到投机者的影响。由于一个指数综合了多只股票的纯投机性波动，就会形成一种动力的平均化和中和作用。对趋势跟踪者来说，这样的市场是最难把握的。

我的看法是：无论对哪一类市场而言，同类别中的所有市场都是相同的，你只需根据市场的类型和流动性来做出决定 。我在海龟时代从没碰过第三种市场，但其他很多海龟与我不同。我认为我们的系统对综合衍生市场来说还不够好。这并不是说你不能选择这些市场，只是说我们那样的中期性突破法趋势跟踪系统并不适合这些市场。这就是我在海龟计划中从没做过标准普尔指数交易的原因。

同一类别的市场都大同小异。偶然的差异当然是存在的，有时候还会持续几年甚至几十年，但长期来看你会发现，这些差异只不过源自交易者记忆效应，以及大趋势根本动因的相对罕见性和随机性。

交易者记忆效应

金银市场是交易者记忆效应的一个好例子。在我刚入行的那个时候，因为人们对 1978 年的那次不可思议的大趋势（黄金涨到每盎司 900 美元，白银也涨到了每盎司 50 美元）仍然记忆犹新，在黄金市场上赚钱几乎是不可能的。每当市场稍微有点儿上涨的迹象，所有人就都开始争先恐后地抢购黄金，这让价格变得太过起伏多变。市场总是忽上忽下，忽下忽上。简而言之，一个趋势跟踪者在这样的市场中很难有所作为。到现在，20 多年过去了，大多数人都已经忘记了 1978 年的光景，所以 2006 年春季的那次行情远比以前更容易把握。如果你只是对比一下走势图，你就会觉得黄金市场本身变了样。

我想谁也不知道像黄金这样的市场什么时候会再次发生变化，像可可这样的市场什么时候会再出现趋势。一个市场在过去的 20 年中没出现过大趋势，并不代表它不是个好市场。在我看来，只要一个市场的容量足够大，而且不同于你资产组合中的其他市场，你就应该选择这个市场。

市场分散化往往受到资金量的限制，因为在可以接受的风险水平下同时进入多个市场是有一定资金要求的。成功的对冲基金之所以比个人交易者更加游刃有余，大交易者的表现之所以比小交易者更加稳定，资金量就是原因之一。如果你因为资金有限而只能选择 10 个市场，你的业绩表现会比同时进入 50~60 个市场的交易者更加难以预测。如果你想在合理的分散化水平下用一个长期趋势跟踪系统交易期货，你至少需要 10 万美元。而且对大多数交易者来说，即使是这样的分散化程度，风险水平也过高了。

使用多个不同的系统

除了将你的资产组合放在不同市场的分散化策略，你还可以通过系统分散化来加强交易的稳健性。如果同时使用多个交易系统，特别是彼此差别极大的系统，交易的稳健性就会大大提高。

考虑一下这样两个系统：较好的一个回归年度回报率为38.2%，R立方为1.19；较差的一个回归年度回报率为14.5%，R立方仅为0.41。如果你两个系统都测试过，你会选择哪一个？是不是较好的那一个？这听起来是个合乎逻辑的选择。

但是，这样的选择忽视了两个不相关系统的分散化优势。假如两个系统之间呈负相关（也就是说，如果一个系统赚了钱，那么另一个往往是赔钱的），这种优势甚至会更大。正是因为这种原因，某些系统组合在一起的时候会更加强大，看看下面的数据就知道了。

如果同时使用这两个系统，回归年度回报率和R立方就将分别达到61.2%和5.20。不用说，这比单独使用任何一个系统都好得多。

实际上，这两个系统就是布林线突破系统的两个部分。较好的那个系统只做通道突破多头交易，较差的那个系统只做通道突破空头交易。两个系统的结合为什么有效是很容易理解的，但是效果的差别如此之大确实令人惊讶。

将适合不同市场状态的系统结合起来，也有同样的效果。比如，假如一个系统在有趋势的市场中表现良好，而另一个系统在没有趋势的市场中更为出众，我们就可以将两者结合起来。当其中一个系统遭遇衰落时，另一个系统却可能财源滚滚，反之亦然。这种策略并不一定像你期望的那样有效，但确实可以大大提高交易的稳健性。

就像市场分散化一样，系统分散化的局限性也在于同时使用多个系统需要投入大量资金并耗费大量精力，这就是成功的对冲基金与单个交易者相比的优势所在。你可能需要20万美元才能做到一个长期趋势跟踪系统所做到的适度分散化，同时使用四五个不同的系统则可能需要 100 万美元之多。单是这一点，就可能迫使许多人把钱交给那些专业的期货基金或对冲基金经理，而不是硬着头皮亲自上阵。

你不可能预见你在实战交易中会碰到什么样的市场状态，这就是稳健交易策略的前提。考虑到这一点，交易者应该建立稳健的系统，也就是不会过于依赖特殊市场条件的灵活而又简单的系统。而且，成熟的稳健策略总是在多个不同市场中使用多个不同系统，相比高度局限于少数市场的少数系统，这种策略的稳定性要高得多。

第十四章
掌控自己的心魔

市场不会在乎你的感受。它既不会在你得意扬扬的时候吹捧你，也不会在你灰心丧气的时候安慰你。所以，交易世界并非适合每个人。如果你不愿意接受现实，不愿意承认自己的缺陷、恐惧和失败，你就不会成功。

我希望海龟们的故事能鼓舞某些读者，就像我被伟大的投机家杰西·利弗莫尔的故事鼓舞一样——我立志做一个交易者就是从1982年第一次在埃德温·勒菲弗的《股票作手回忆录》中读到利弗莫尔的传奇故事开始的。理查德·丹尼斯在短短两个星期内培养出的十几个海龟在接下来的4年中为他赚了1亿美元以上，这已经成了交易世界最令人津津乐道的故事之一。海龟实验已经证明，理查德有一套可以传授的法则，你只要坚定不移地遵循这些法则，就能成为成功的交易者。

有趣的是，理查德教给我们的法则大多都不是什么新概念。有一些只是基础原理，早在理查德出生之前就被其他著名交易者奉为圭臬。但在最初的几个月中，恰恰是法则的简单成了海龟们遵循这些法则的障碍。

人们往往认为复杂的理念要好于简单的理念。很多人就是不敢相信理查德·丹尼斯仅靠那几条简单的法则就赚到了上亿美元。怀疑他有某些藏而不露的秘诀是很自然的事，最初，有这种疑心的海龟不在少数。有些人认为成功的交易不可能这么简单，一定还有其他秘密。这种想法对某些海龟的影响实在太大，以至他们从未严格遵守理查德所传授的简单法则。

在我看来，这种疑心和复杂化倾向都来自一种不安全感，正是因为没有安全感，人们才会去追求一些与众不同之处。掌握鲜为人知的秘密能让我们与众不同，但掌握简单的事实并不稀奇。因此，我们的自负心理驱使我们相信自己掌握了某些特殊的知识，只为向自己证明我们比其他人强。我们的自负不允许我们局限于众人皆知的事实，自负的人要的是秘诀。

克服自负心理

自负心理就是新手们喜欢自主交易的原因。在系统性交易中，决定依据是机械性的法则，什么时候买入和卖出，以及买卖多少都是由这些法则明确规定的。与之截然不同的是，自主交易能带给人自信，因为它依赖的是一个人的主观判断。因此，如果你根据自己的判断做了一笔成功的交易，你的自负心理就得到了满足。你大可以向你的朋友吹嘘自己在市场上是如何做到游刃有余的。

我在网上的交易论坛中总能发现这种现象，特别是那些很受新手欢迎的大众化论坛。你经常能看到有人发帖大吹大擂：某某人恰好在上涨之前买入；某某人发现了“圣杯”，现在拥有一个正确率达到 90% 的系统；某某人刚刚入市 3 个月就获得了 200% 的回报率；等等。他们无一例外地依赖高杠杆率，因此完全有可能已经把 5 000 美元变成了 15 000 美元，但这样激进的交易也很容易把那 15 000 美元赔个精光。这些交易者往往不出几个月就会被打回原形，灰溜溜地发帖承认自己已经输光了。他们选择自主交易只是为了满足自己的自负心理，正所谓“成也自负，败也自负”。

当然，成功的自主交易者也有很多，但失败者要远远多于成功者。对一个交易者来说，自负不是一件好事。自负者希望事事正确，希望能预见未来，希望能知晓秘诀，这样的人很难避开交易者的大敌——认知偏差。

让我给你讲一个海龟时代的例子。

乒乓球大战

期货交易在外人眼中是一件绝顶刺激的事，所以你也许很难相信，我们这些海龟大多数时间都无事可做，无聊透顶。因为市场在大多数时间都是风平浪静的。简单地说，海龟们有大把的闲暇时间。

幸运的是，我们有一张乒乓球桌，于是打乒乓球就成了我们的业余爱好。几乎所有海龟每天都至少打一次乒乓球。我们玩得实在太疯，以至隔壁保险公司那个大办公室中的某个人在我们的门上贴了一张“死亡通牒”，因为他们要从早到晚辛勤地工作，我们却在从早到晚打乒乓球（大概他们也不怎么喜欢他们的工作）。

我在那之前没怎么好好打过乒乓球，但几个月之后，我就小有进步，开始把一些乒乓球好手斩落马下。我采用了中国式的直拍打法，所以可以更轻松地在正手和反手之间转换——这很适合我的进攻型旋球风格。

但有一个海龟比其他所有人都强得多，谁都不是他的对手。他已经是多年的老手，每当他上场，其他人都会恭恭敬敬地驻足旁观。一般来说，他可以轻松地以 21 ： 10 甚至更大的优势击败我们，我们知道他不过是在让着我们。他打败我们可以说不费吹灰之力。

几个月后，有个海龟提议搞一次锦标赛。这对一群充满竞争意识的交易者来说可是一件严肃的事。我们都觉得这次锦标赛的真正意义只是决出第二高手，因为第一高手是谁已经不存在疑问。不过，我们还是想看看谁会成为冠军。锦标赛开始了，弱者一个接一个地被淘汰出局，直到剩下最强的 8 个人。除了那个第一高手，其他 7 个人的水平不分伯仲。

为了赢得这次比赛，我决定改变风格。我不再像以前那样一有机会就大力扣杀，而是采用了保守的打法。我甚至把直拍打法改成了传统的横拍打法，把有利于搓出旋球的高弹力球拍换成了有利于防守旋球的高摩擦力球拍。我知道那个第一高手的旋球很厉害，对付我那种软绵绵的旋球一点儿问题也没有，所以我在面对他的时候最好还是以防守为主，靠球拍来削弱他的旋球优势。

就靠这种策略，我在两场势均力敌的精彩较量中艰难地淘汰了两个对手，闯入了决赛，这意味着我要与那个众望所归的冠军热门人选一决雌雄。我只能竭尽全力，除非他自己失误，我毫无获胜的可能。我们都很明白这一点。所有海龟都观看了最后的决赛，那是一场年轻和活力与经验和技艺的较量。

比赛开始时我注意到了一件事：我的对手太想获胜了，因为他非常紧张。很明显，获胜对他来说非常重要。他输不起，因为他已经被视为超级球手、第一高手。相反，我没什么输不起的。在其他人看来，我闯进决赛已经算大获全胜，没人指望我在决赛中获胜，甚至没人认为我有获胜的可能。

前几回合他赢得很轻松，可以说轻松得要命，以至我开始担心我会"吃个鸭蛋"。但随着我适应了他的超快速度和球路，用超级保守的策略与他周旋，他开始渐露疲态。他的进攻比平常更猛烈，因为他想早一点儿结束战斗。我的防守比平常更保守，因为我知道这是我唯一的机会。我们的胶着时间越来越长，最终，我开始得分——一开始得分并不多，但足以保证我不会被踢出局。随着我的得分越来越多，我的对手乱了阵脚。他开始自怨自艾，因为他受不了一个水平比他差的对手获得任何优势。

优势的天平渐渐开始向我倾斜，我终于在第二局扭转了局势。我先是追平比分，然后又一鼓作气拿下了第二局。这样，总比分变成了 1 ∶ 1，在三局两胜制的决赛中，比赛势头对我有利。

决胜局堪称一场恶战。我们两个你来我往，僵持不下，每人都曾数次到了再得一分就能获胜的紧要关头。最终，我扣出了一记绝杀，他没能接住。说到底，他是被锦标赛的压力（证明自己强于其他人的压力）压垮了。他当然是最强的一个，我知道，他也知道，但到头来，这一点已经不再重要，他因为承受不住压力而败给了我。获胜对他来说太过重要,以至影响了他的发挥。

我这位超级对手在海龟计划中也不太成功。我认为原因与他输掉锦标赛没什么两样。由于自负心理作怪，他认识不到他的糟糕表现其实源于自身。并非巧合，怀疑里奇曾向我私下传授一些秘诀的正是这位乒乓球专家。他不明白我为什么能赚钱，而他却在赔钱，不明白我的表现比他好是因为我能坚持我们的法则，我杜绝了任何自负因素的影响。他把失败归咎于没能得到秘诀，他不愿意面对现实。

谦虚为上

如果你想成为伟大的交易者，你就必须克服自负心理，培养谦虚谨慎的品格。谦虚能使你接受未来不可知的事实，谦虚能让你放弃预测未来的企图，谦虚能使你避免从个人化的角度看待失败的交易，谦虚还能帮助你接纳简简单单的交易法则，因为你不会去寻找无人知晓的秘密来证明自己的与众不同。

切莫妄自尊大

尽管我比大多数（甚至所有）海龟都要洒脱一点儿，但我并不想标榜自己是那种毫无自负心理的机器人，对人类的认知偏差有免疫力,完全能掌控自己的心态。我也做不到这样。我可以举一个例子。

在海龟计划进行到第二年的某个时候，我们有一次大行动，而且我又一次满仓持有 4 个头寸单位的上限。我问其他海龟他们持有多少个单位，发现其中几个人并没有满仓，这意味着他们并没有完全抓住这次好机会。因此，我问他们这样的问题真有点儿哪壶不开提哪壶的意思。

那天下班后，我像往常一样去搭乘市郊火车，因为我住在加利福尼亚州里弗赛德市的西郊。还有几个海龟也乘火车回家，而且我们差不多同时下班。我记得，就在我打开车门走进车厢时，我听到比我早到了一会儿的某个海龟对另一个人说："你听到他的话了吗？这个自高自大的蠢货。"

他们说得很对。我确实是个蠢货——最蠢的那种蠢货，最无知的那种傻瓜。我从未考虑过我的言谈举止会对其他海龟造成什么影响。稍微想一下就知道，我拿他们的失误之处来吹嘘自己的成绩，这对他们来说是残酷的做法。而且我敢肯定，这些无心的炫耀出自一个乳臭未干的高中毕业生之口更令他们难以忍受。

我在过去的 20 多年中曾无数次回想起那一天。就是在那一天，我发誓再也不做一个妄自尊大的傻瓜，发誓每次行动之前都花点儿时间想想我的言行对其他人的影响。我也开始试着更宽容地对待我偶尔碰到的那些自大狂，因为我已经知道，我有时候也是个自大狂。

坚定不移

贵在坚持这条最重要的生活箴言总是说起来容易做起来难。在交易世界中，始终如一地坚持你的策略同样是成功的关键。一种系统性的交易方法，对方法的局限性有深入理解，再加上用来建立交易系统的工具，这三者能帮助你成为更加成功、更加坚定的交易者。你必须前后一致，必须能执行你的计划，否则你的计划是毫无意义的。

如果你一定要我说出海龟们获得成功的首要原因，我就会说是因为我们师从一位传奇交易大师。正是这一点使我们对理查德的方法抱有信心，更容易坚定不移、始终如一地遵守他的法则。除非你也可以找到这样一个著名的老师，让他给你同样充足的信心，否则你只能自己去建立这样的信心。你必须相信你的方法，相信你在很长时期内用这些方法赚钱的能力。

要建立对系统性交易方法的信心，我所知道的最好的方法就是用交易模拟软件来测试系统。这样的软件能帮助你看到过去，恰似真实历史的重现。你会发现，当你测试了各种各样的交易系统，根据实际市场数据测试了自己的假设后，你会有不少新的认识。当你开始实战交易时，你会发现这比你想象的要难得多。把真金白银投入市场与练习或模拟完全不是一回事。

如果你正在考虑投身交易行业，你就必须牢记一个重要的事实：我是一个非常特殊的人。由于生理和教育上的某些古怪的原因，坚持法则对我来说不是一件多么难的事。我的心理特征使我很容易抵御认知偏差。所以，尽管我曾见识过交易者的心理障碍和弱点造成的危害，但如果你需要克服这类问题，那么我并不是一个好的顾问，因为我自己并没有碰到过这样的问题。

另外，我也不是一个交易心理学专家。所以，尽管我了解健康心理的重要性，却无法告诉你如何培养这种健康的心理。好在其他一些人对这个领域颇有研究。如果你的交易不像我那样顺利，他们也许可以给你一些特别的建议。很多人发现范·撒普、布雷特·斯蒂恩博格、阿里·基夫和马克·道格拉斯的著作对交易者克服自己的心魔大有帮助。我建议你也去读一下。

最后要强调的是，我的交易风格以趋势跟踪为主。我也曾经研究和尝试过其他风格，包括当日交易和波段交易，所以我知道本书所说的原理也适用于其他风格。千万不要因为我重点讨论趋势跟踪法就认为这是最好的方法。事实上，大多数人可能都不适合趋势跟踪法。每一种风格都对你的心理特征有特殊的要求，你可能符合要求，也可能不符合。让你个性的优缺点与你的交易风格匹配是非常重要的，对于这个问题，上面提到的那几位作者有更权威的高见。

成功海龟的交易心得

1. 掌握优势：找到一个期望值为正的交易策略，因为长期来看它能创造正的回报。

2. 管理风险：控制风险，守住阵地，否则即使你有一个期望值为正的系统，你可能也等不到它创造成果的那一天。

3. 坚定不移：唯有坚定不移地执行你的策略，你才能真正获得系统的正期望值。

4. 简单明了：长久来看， 简单的系统比复杂的系统更有生命力。

记住，如果计划无法执行，计划就毫无意义。如果你真的很想成为一个成功的交易者，首先就要做到第一条。我当年就是这么做的，而且我从未后悔过。

尾声
万事俱备

林中有两条路，我选择了人迹更少的那一条，一切皆源于此。

——罗伯特·弗罗斯特

在过去的几个月中，为了给这个尾声打好基础，我花了很多时间完善前面的内容。但我最想写的其实是这最后的一章。

只要你曾体验过交易者的生活，也就是海龟那样的生活，你的一生都会渗透着交易者的精神。当你经历市场的起落浮沉，发现自己的认知偏差，做出相应的思维调整时，你也会不自觉地开始在生活中的其他领域做同样的事情。优秀的交易者与其他交易者的区别之一就在于他们不怕与众不同，不怕标新立异，不怕走自己的路。

做自己，走自己的路

当我决定做一名交易者的时候，我只有 19 岁。我对自己充满信心，曾和一些好朋友说我能在 21 岁之前成为百万富翁。与其说我在吹牛，不如说我在倾诉成功的渴望。交易世界新鲜刺激，令我着迷。为了它，我甚至放弃了大学学位。我的父亲很不高兴，因为他也没有大学学位，而且一直认为这是他职业生涯的一个缺憾。但我一直是个个人主义者，从不害怕表达自己的观点，也从不害怕挑战权威，所以我并不在乎其他人怎么想。我知道我的决定是正确的。我这种特立独行和直言不讳的风格已经给我带来了不少麻烦，我也知道这让我的母亲头疼得要命，但我就是这么一个人。

如果我没有下决心放弃一切去做一名交易者，我的生活会变成什么样？很难想象。如果没有那份决心，我当然不会回应理查德·丹尼斯的招募广告。

现在我领悟了一个交易者的生活真谛：没有冒险就没有收获。风险是你的朋友，不要怕它，要理解它，控制它，与它共舞。优秀的交易者会自信地等待机会，但也会做好损失的准备。他们不会犹豫不决，因为他们不怕犯错，这是在大风大浪中培养出的品质。他们走自己的路，不怕失败，因为他们知道，失败只是生活的一部分，只是成功和成长的必要前提。

我一直很喜欢极端的挑战，总想试一试大多数人都认为很愚蠢、不现实或不可能做到的事。当许多人看到困难时，我却看到了机会，而且很渴望抓住这些机会。我失败过很多次，但从另一个角度来说，我的每一次尝试都是成功的，因为我学到了很多新东西。

如果别人问我我的人生目标是什么，我会说："当然是让世界变得更加美好。"我相信，许许多多的个人行为能凝聚成巨大的力量，只要每个人都能以某种实实在在的方式来改善我们的世界，哪怕只是微小的改善。这是一个很有意义的目标。假如我一直留在交易行业中，没有尝试任何新事物，我会比现在富有得多，也"成功"得多。其他海龟就是这么做的，时至今日，他们中的有些人已经是行业中的佼佼者，手头管理着数亿甚至数十亿美元的对冲基金。同样，如果我坚持在软件行业中的某个领域钻研下去，我也可能会比现在更成功，至少以世俗的标准来看是这样的。

坦率地说，我不在乎别人怎么评价我的成败。他们不会知道我的一生是否有意义，我是否生活得快乐而又充实。只有我自己知道。

远离梦想的人生轨道

我的老朋友大多都觉得我正陷入某种旷日持久的中年危机。在他们眼中，我大概有点儿不负责任，有违传统。假如所谓的中年危机是指一个人了解自己的生活，不肯接受社会和媒体所设定的成功标准的话，那我承认，我有中年危机。而且我强烈建议你也“遇上”这样的危机，因为没有这种危机的生活太没意思了。

有太多人已经迷失在对世俗目标的空洞追求中。就为了取悦父母和老师，就为了得到一份好工作，就为了赚大钱，他们走上了一条由别人设计的路，而不是自己选择的路。对某些人来说，这条路从小学就开始了。对其他一些人来说，这条路或许是在大学阶段，或许是在他们真正就业并开始承担责任之后开始的。不管怎么说，这条路让他们远离了自己的梦想，远离了曾经的目标。他们忘记了一个事实：他们还有选择权，随时可以去做其他事情——或许可以离开现在的道路去稍微探索一下这个世界，审视一下自己。

许多企业把这条路称作职业轨道，或者简称轨道。这是个很好的比喻，因为火车司机并不知道该走哪条路，做出这个决定的是那些负责铺路和扳道的人。最近我经常思考这个问题，我发现，大多数人都是因为害怕失败而放弃梦想的。他们觉得，与其自己开拓一条生死未卜的新路，不如选择一条有把握的既成之路。

我不认为人们是有意识地做出这种决定的，这只是消极态度的自然结果。人们不会对自己说：“我想到一家我讨厌的公司做一份无聊的工作。”一切都是自然发生的。

也就是说，人们是不经意间踏上轨道的。一旦踏上了轨道，离开轨道就需要有意识地努力了。如果不离开，那么他们终将走到轨道的终点，而且可能并不是他们梦想中的终点。由于他们并不是有意踏上轨道的，他们甚至可能意识不到自己的方向，直到猛然发现自己已经远离了梦想。

畏惧心理对个人成就的影响远大于客观现实的制约。如果我们因为不自信而没有采取行动，我们就相当于在成功之路上放置了一个障碍，这种障碍的阻力远大于现实障碍。如果我们尝试了，那么我们可能会失败，但也有可能成功。如果我们根本不敢尝试，我们就真的没有成功的希望了。

接受失败，从中学习

失败并不是一件坏事。有人曾经说过：你应该感谢你的敌人，因为他们教给你的东西比你的朋友和家人还要多。失败就是这样的敌人，而且是相当强大的敌人。我深有体会，因为我的失败经历比我认识的任何一个人都要丰富。但如果我不愿冒失败的风险，我的某些辉煌的成就也就无从而来了。我承认，相比成就，我从错误和失败中学到的东西要多得多。不愿冒失败的风险，你就学不到任何东西。这也是我经历了那么多次失败的原因之一——我喜欢学习新东西。失败是学习的前提，如果你不愿意犯错，不愿意失败，你就什么也学不到。

大多数人都认为，随着年龄的增长，我们的学习能力会退化，因为我们的大脑功能在退化。人们常常以小孩子为例：小孩子很快就能学会一种新语言，而成年人很难学会新语言，这说明年龄是最重要的因素。我却认为，小孩子与成年人在语言学习能力上的巨大差异并不是由年龄造成的，而是由心理因素造成的——孩子们从来不怕出丑，也不怕犯语法和发音错误，而成年人却对此心怀忌惮。

我最近搬到了阿根廷的布宜诺斯艾利斯，在那里结识了不同年龄和国籍的很多学习西班牙语的学生。我注意到，有些来阿根廷才几个月的学生已经可以用西班牙语进行基本交谈了，尽管他们在来到这个国家之前从未接触过这门语言。但有一些曾在学校中学过西班牙语的学生却不能流利地交谈，尽管他们已经在布宜诺斯艾利斯住了几个星期，而且上了大量的语言课。

这种差异几乎完全是由心理因素造成的，也就是对犯错和出丑的恐惧程度。有些人不在乎发音怎么样，敢于开口。他们知道每一个学习新语言的人都难免犯错，这是进步的一个必经过程。他们会坦然面对错误，从错误中吸取教训。每当其他人面对他们的蹩脚表达茫然不知所措时，他们都会进步；每当他们点餐闹了笑话时，他们都会进步。就因为这些学生能不停地犯错，不停地学习，他们现在可以说一口流利的西班牙语，而且还将随着日日夜夜的练习而继续进步。

面对现实，果断改变

如果你发现自己走错了路，正在走向一个你不想去的终点，请想想我们之前说过的沉没成本效应。不要在乎你在这个你不喜欢的职业上已经花了多少时间，不要在乎你在那些没有意义的人脉关系上已经投入了多少心血。一个好的交易者懂得面对现实。他知道，如果市场已经证明一笔交易是错误的，他要做的不是祈求转机、期盼变化，或自欺欺人地假装现实已经发生变化，而是果断地退出。

现实就是现实，不管我们尽多大的努力去逃避它，它也无法改变。海龟们会面对现实，而不是逃避现实。正因为如此，当我们发现现实不像我们期望的那样好时，我们很容易就能改变方向。我们不会抱怨，不会担忧，不会企盼，我们只会根据新的现实去采取实实在在的行动。

金钱不是一切

我相信，不嗜财如命的人更容易发大财，对交易者来说尤其如此。我还记得，每当海龟们持有大头寸，并且市场的波动造成资产剧烈动荡时，有个海龟总会紧张万分，因为赚大钱对他来说太重要了。有一次，我休假归来时发现他的电话被他摔坏了，因为市场的不利波动令他大发雷霆。

他并没有坚定地遵守我们的系统要求，我相信这并非巧合。我认为正是他渴望赚大钱的野心使他无法始终如一地遵守我们的系统要求。我之所以成功，至少部分原因是我不在乎钱，我在乎的是交易本身。我很在意里奇对我的交易作何评价，但我从不在意每天有多少钱流入和流出我的账户。

金钱只是一种工具，只是做某些事情的必要条件。它很有用，但以金钱本身为目标就大错特错了。富裕并不一定等于快乐。我知道，因为我有过这样的体会。

我也体会过没钱的感觉。在我 33 岁那一年，我所创建的那家上市公司的股票曾一度暴跌，结果我的流动资产几乎在一夜之间化为乌有。那时候我刚离婚不久，除了这些股票外没什么资产，我在离婚的时候把房子给了我的前妻。

当时我已经不在那家公司工作了，对那个管理队伍没有一点儿信心。所以我完全把自己看成了一名交易者，而不是一名投资者。既然我是交易者，而股价正在下跌，那么我应该卖出。不幸的是，市场很不活跃，做市商也无所作为。而且我的股份太多，一不小心，股票就可能被我的大卖单压到一钱不值的程度。所以我只好慢慢来，每几个星期卖出 10 000~20 000 股，几个月之后才算结束。

当时我正忙着创建一家航空公司，于是我把卖股票的钱都用在了创业支出和个人生计上。我已经无从选择。我的钱原本足以应付几年的花销，但几乎在一夜之间，我只能支撑不到两个月了。我必须找一份工作。自海龟计划实行以来,我还从来没给任何人打过工。事实上，除了理查德·丹尼斯和我在高中和大学里的第一份兼职编程工作，我从未替别人工作过。我花了几个月的时间寻找一份有趣的工作，最后给一家小型网络创业公司的某个营销项目当起了顾问。那时候我已经是名副其实的一文不名，几乎到了没钱住酒店的程度，直到拿到第一份薪水才算缓了一口气。

有些人也许会说这是一段惨痛的经历，但我不这么认为。境况的变化对我真正热爱的生活并没有多大影响。我喜欢与朋友们外出聚餐，喜欢与有趣的人聊天，喜欢与人讨论那些极富挑战性的事，诸如此类。这些事都花不了多少钱，而且相比我之前所在的太浩湖或里诺，我在硅谷更能享受这样的乐趣。我现在的生活其实毫不逊色于过去身家百万美元时的生活，我现在甚至更加快乐和惬意，因为我能做自己真正热爱的事情。

这段经历也让我对那些平民百姓和穷苦大众多了一份同情，因为我也品尝到了食不果腹和靠薪水度日的滋味。

在这段时期，我对创业和企业管理也有了很多新的认识。此前我从没意识到，没给别人工作过是一个巨大的劣势。如果你不知道被别人管是种什么感觉，你当然很难管好别人。作为一名顾问，我处于组织金字塔的底层。没人向我直接汇报工作，甚至连员工那点儿微薄的补贴也没我的份儿，正因为没我的份儿，所以这点儿补贴看起来似乎很重要。我也没有实权,只能靠我的影响力来推动变革。这是个劣势，但这也迫使我磨炼了我的说服技巧。只要我能让其他人相信我的看法，我就能实施变革。正因为在没有实权的情况下进行变革是个巨大的挑战，我从中得到了无穷无尽的乐趣。

我相信，我在这段时期的心得和收获是我的无价之宝，对我的未来将有很大的帮助。我经历了许多人所惧怕的事，我本人也惧怕这些事，但这些事并不是什么坏事，真正的大敌是恐惧本身。

我说这些是为了鼓励你追寻你的梦想，甚至包括你已经放弃的那些梦想。如果你失败了，那就吸取教训，再试一次。只要你坚持下去，你就会离目标越来越近，或许还会发现另外一个更为重要的目标。

勇敢向前，大胆尝试。结果也许不像你期望的那样好，但只要坚持不懈，最后的结果也许就会比你期望的还要好。如果你不去尝试，你就永远也不会知道结果如何。

附

原版海龟交易法则

我说过很多次，你可以把我们的交易法则登在报纸上，但没人会遵守它们。关键是统一性和纪律性。几乎每个人都可以列出一串法则，而且不比我们的那些法则差多少，但不是每个人都能给别人信心。唯有对法则充满信心，你才会坚持遵守它们，即使在遭遇逆境时也是一样。

—理查德·丹尼斯，摘自杰克·D. 施瓦格《金融怪杰》

完整的交易系统

大多数成功的交易者都使用机械性的交易系统。这并非偶然。一个好的机械性交易系统可以自动完成整个交易过程，代替交易者做出每一个必要的决定。有了它，交易者更容易保持策略的统一性，因为系统的一整套法则已经明确而又严格地限制了每一个操作细节。交易技巧与交易者的主观判断毫无关系。

如果你知道你的系统能在长期内赚钱，你就更容易在逆境时期坚持遵守交易信号的指示，根据系统的命令采取行动。如果你依赖的是自主判断，那么你也许会发现，你往往在应该大胆的时候畏首畏尾，在应该谨慎的时候却莽撞激进。

如果你有一个有效的交易系统，而且能坚定不移地遵守它的要求，你的行动就会更具统一性，尽管连续的损失或巨大的盈利也会激起你内心的思想斗争。一个千锤百炼的机械性交易系统能赋予你信心、统一性和纪律性，这就是许多顶尖交易者的成功秘诀。

海龟交易系统是一个完整的交易系统。它的法则囊括了交易的每一个环节，没给交易者留下任何主观思考的余地。它有一个完整的交易系统所应该有的所有成分，涵盖了成功交易的每一个必要决定：

- 市场：买卖什么？
- 头寸规模：买卖多少？
- 出入市：什么时候买卖？
- 止损：什么时候放弃一个亏损的头寸？
- 退出：什么时候退出一个盈利的头寸？
- 战术：怎么买卖？

市场：买卖什么？

第一个必须要做的决定就是买卖什么产品，从本质上说，这就是选择市场的过程。如果你选择的市场太少，你抓住趋势的概率就会大大降低。另外，你也不希望不加区分地随意选择那些容量太小或鲜有趋势的市场。

头寸规模：买卖多少？

应该买卖多少是一个基础性的问题，但一般交易者往往会忽视或错误地处理这个问题。

头寸规模对分散化和资金管理策略都有影响。分散化旨在将风险分散到多种不同工具中，同时通过提高成功交易的概率来提高盈利水平。因此，恰当的分散化要求交易者在多种不同工具上投入类似甚至相同的赌注。资金管理实际上就是控制风险，以免过大的风险让你在迎来好趋势之前就被迫出局。

应该买卖多少是交易中最重要的一个问题。新手大多在单笔交易上投注过大，这大大提高了他们的破产风险，即使他们的策略在其他方面是有效的。

出入市：什么时候买卖？

有关什么时候买卖的决定被称为出入市决定 。自动化的系统会产生出入市信号，明确规定入市时的价格和市场条件，正是这些信号告诉你何时通过买入或卖出而出入市场。

止损：什么时候放弃一个亏损的头寸？

长期来看，不能及时止损的交易者不可能获得成功。要想控制损失，最重要的一件事就是在入市之前就确定止损点。

退出：什么时候退出一个盈利的头寸？

有许多“交易系统”号称是完整的系统，但实际上并没有明确解决盈利头寸的退出问题。但是，盈利头寸的退出时机对系统的盈利能力来说至关重要。任何不能回答这个问题的系统都不是完整的系统。

战术：怎么买卖？

一旦系统产生了交易信号，执行方面的战术技巧就成了重点。对金额比较大的账户来说尤其如此，因为大账户的举动有可能导致价格发生大幅度不利变动，也就是对市场的冲击。

使用机械性的交易系统是保持行动统一的最佳方法。如果你知道你的系统能在长期内赚钱，你就更容易遵守交易信号的指示，在逆境时期也坚持使用你的系统。这里有必要再强调一下：如果你依赖的是自主判断，那么你往往会在应该大胆的时候畏首畏尾，在应该谨慎的时候却莽撞激进。

如果你有一个有效的机械性交易系统，而且能严格地遵守它，系统就会为你盈利，而且能帮助你克服在连续损失或获得巨大利润时的那种不可避免的心理波折。

海龟们所使用的系统就是一个完整的交易系统，这也是我们获得成功的一大原因。这个系统使我们更容易保持行动的统一，赢面也更大，因为它不会把重要的决定留给交易者的大脑。

市场：海龟们的选择

海龟们都是期货交易者。我们在最具影响力的美国期货交易所买卖期货合约。由于我们手中有数百万美元，我们不能选择那种每日成交量只有几百份合约的市场，因为在这样的小市场中，大交易会导致市场剧烈动荡，不承受较大的损失是很难进入或退出的。海龟们只选择流动性最高的市场。事实上，流动性是理查德·丹尼斯为海龟们选择市场的首要标准。

一般来说，海龟们涉足美国所有高流动性市场，除了谷物和肉类市场。由于理查德·丹尼斯本人的账户已经达到了谷物交易头寸的法定上限，他无法再让我们进行谷物交易，否则将超过交易所的头寸限制。我们不碰肉类市场是因为肉类交易厅的场内交易者有腐败问题。海龟班解散若干年后，美国联邦调查局对芝加哥肉类交易厅展开了一次大规模清查行动，以价格操纵和其他形式的腐败罪名起诉了多名交易者。

以下是海龟们进行交易的期货市场：

芝加哥期货交易所

· 30 年期美国长期国债

· 10 年期美国中期国债

纽约咖啡、糖与可可交易所

· 咖啡

· 可可

· 食用糖

· 棉花

芝加哥商品交易所

· 瑞士法郎

· 德国马克

· 英镑

· 法国法郎

· 日元

· 加拿大元

· 标准普尔 500 指数

· 欧元

· 90 天美国短期国债

纽约商品交易所

· 黄金

· 白银

· 铜

纽约商业期货交易所

· 原油

· 民用燃料油

· 无铅汽油

海龟们有权不选择上述任何一种产品，但是，一旦一个海龟排除了某一个市场，他就再也不能进入这个市场。因为我们要保持行动统一。

头寸规模

海龟们所使用的头寸规模算法在那个时代非常先进，因为它会根据一个市场的绝对波动幅度来调整头寸的规模，等于将头寸的绝对波动幅度标准化了。这意味着，一个特定头寸在某一天向上或向下变动的幅度（以不变美元来衡量）与其他市场上的头寸基本相同，无论这个特定市场的波动性是大还是小。

其中的原理是：如果一个市场的合约价值波动性较强，那么这个市场中的合约持有量就少一些；相反，如果一个市场的波动性较弱，这个市场中的头寸就可以大一些。总之，市场的波动性与头寸的规模是呈反比的。

这种波动性标准化处理非常重要，因为这意味着不同市场上的不同交易在盈亏概率上是相同的：它们都有同样的机会赚一美元或赔一美元。这便提高了多重市场分散化的效果。

即便某个市场的波动性较弱，一次大趋势也能让海龟们打个大胜仗，因为一种合约的波动性越弱，海龟们手中的合约就越多。

波动性：N 的含义

海龟们用一个特殊的概念来衡量一个市场的潜在波动性，理查德·丹尼斯和比尔·埃克哈特称之为 N。N 就是真实波动幅度的 20 日指数移动平均值，现在更常见的名称是真实波动幅度平均值

（或 ATR）。从理论上说，N 代表着一个市场在一天内的平均波动幅度，包括开盘跳空的情况在内。N 的单位是点数，也就是这个市场的价格点数。

每一天的真实波动幅度是用下列公式计算的：

真实波动幅度 =Max（H–L，H–PDC，PDC–L）

其中：

H= 当日最高价

L= 当日最低价

PDC= 前一日收盘价

N 的计算公式如下：

$$N=\frac{19\times PDN+TR}{20}$$

其中：

PDN= 前一日的 N 值

TR= 当日的真实波动幅度

由于公式中需要前一日的 N 值，你在首次计算 N 的时候不能用这个公式，只能计算真实波动幅度的 20 日简单平均值。

美元波动幅度

决定头寸规模的第一个步骤就是计算绝对波动幅度，而绝对波动幅度是根据市场的价格波动性（N 值）算出的。

这听起来复杂，实际上很简单。绝对波动幅度的计算公式如下：

绝对波动幅度 =N × 每一点数所代表的美元

波幅调整后的头寸单位

海龟们把头寸分为一个个单位，我们称之为头寸单位。头寸单位的大小要根据市场的波动性进行调整，目的是让一个 N 相当于账户净值的 1%。

因此，一个特定市场或产品的头寸单位规模可以用下列公式算出：

$$头寸单位规模 = \frac{账户的1\%}{市场的绝对波动幅度}$$

或者

$$头寸单位规模 = \frac{账户的1\%}{N \times 每一点数所代表的美元}$$

请看以下例子：

附表 1　2003 年 3 月的民用燃料油合约价格、真实波动幅度和 N 值

日期	最高价	最低价	收盘价	真实波动幅度	N 值
2002 年 11 月 1 日	0.722 0	0.712 4	0.712 4	0.009 6	0.013 4
2002 年 11 月 4 日	0.717 0	0.707 3	0.707 3	0.009 7	0.013 2
2002 年 11 月 5 日	0.709 9	0.692 3	0.692 3	0.017 6	0.013 4
2002 年 11 月 6 日	0.693 0	0.680 0	0.683 8	0.013 0	0.013 4
2002 年 11 月 7 日	0.696 0	0.673 6	0.673 6	0.022 4	0.013 9
2002 年 11 月 8 日	0.682 0	0.670 6	0.670 6	0.011 4	0.013 7
2002 年 11 月 11 日	0.682 0	0.671 0	0.671 0	0.011 4	0.013 6
2002 年 11 月 12 日	0.679 5	0.672 0	0.674 4	0.008 5	0.013 4
2002 年 11 月 13 日	0.676 0	0.655 0	0.661 6	0.021 0	0.013 8
2002 年 11 月 14 日	0.665 0	0.658 5	0.662 7	0.006 5	0.013 4
2002 年 11 月 15 日	0.670 1	0.662 0	0.670 1	0.008 1	0.013 1
2002 年 11 月 18 日	0.696 5	0.675 0	0.696 5	0.026 4	0.013 8
2002 年 11 月 19 日	0.706 5	0.694 4	0.694 4	0.012 1	0.013 7
2002 年 11 月 20 日	0.711 5	0.694 4	0.708 7	0.017 1	0.013 9
2002 年 11 月 21 日	0.716 8	0.710 0	0.712 4	0.008 1	0.013 6
2002 年 11 月 22 日	0.726 5	0.712 0	0.726 5	0.014 5	0.013 6

续表

日期	最高价	最低价	收盘价	真实波动幅度	N 值
2002 年 11 月 25 日	0.726 5	0.709 8	0.709 8	0.016 7	0.013 8
2002 年 11 月 26 日	0.718 4	0.711 0	0.718 4	0.008 6	0.013 5
2002 年 11 月 27 日	0.728 0	0.720 0	0.722 8	0.009 6	0.013 3
2002 年 12 月 2 日	0.737 5	0.722 7	0.735 9	0.014 8	0.013 4
2002 年 12 月 3 日	0.744 7	0.731 0	0.738 9	0.013 7	0.013 4
2002 年 12 月 4 日	0.742 0	0.714 0	0.716 2	0.028 0	0.014 1

根据 2002 年 12 月 4 日的 N 值 0.014 1，12 月 6 日的头寸单位规模计算如下：

N=0.014 1

账户规模 =1 000 000 美元

每一点数所代表的美元 =42 000（每份合约代表 42 000 加仑民用燃料油，以美元报价）

$$头寸单位规模 = \frac{0.01 \times 1\,000\,000}{0.014\,1 \times 42\,000} = 16.89$$

由于期货合约是不能拆分的，我们舍去小数，得出 16 份合约的结果。

你可能会问：“你们多长时间算一次 N 值和头寸单位规模？”实际上，海龟们每个星期一都能拿到一张头寸单位规模表，上面列出了我们所交易的每一份合约的 N 值和头寸单位规模。

头寸规模的重要性

前面说过，分散化旨在将风险分散到多种不同工具上，同时通过提高成功交易的概率来提高盈利水平。恰当的分散化要求交易者在多种不同工具上投入类似甚至相同的赌注。

海龟交易系统用市场波动性来衡量每一个市场的风险水平。然后，我们会根据这个风险准绳来逐步建立与风险量（或波幅）相匹配的头寸。这增强了分散化的效果，提高了盈利交易弥补亏损交易的概率。

请注意，如果你没有足够的资金，这样的分散化是很难实现的。在上面的例子中，假如账户的规模不是100万美元，而是10万美元，那么头寸单位的规模将是1份合约，因为1.689舍去小数就是1。对这种小账户来说，调整的精确性太低，这会大大降低分散化的效果。

风险与头寸单位

由于海龟们用头寸单位来衡量头寸的大小，而这样的头寸单位要根据波动性风险进行调整，头寸单位实际上就成了单个头寸和整个头寸组合的一个风险衡量指标。

海龟资金管理法则在4个不同层面上限制了我们的交易量。从本质上说，这些法则控制了交易者的总体风险水平。无论是在没完没了的亏损时期还是在翻天覆地的价格动荡中，这些限制都能把损失最小化。

1987年10月股市崩溃之后的那一天就是一个惊天大动荡的例子。为了唤起人们对股市和美国经济的信心，美联储在一夜之间决定降息几个百分点。海龟们已经大举抛空利率类合约，比如欧洲美元、短期国债和长期国债，因此第二天的损失大得可怕。大多数海龟的账户净值都在一天内损失了40%~60%。但是，如果没有最大头寸的限制，我们的损失就要比这个数字大得多。

这4个层面的限制如下：

附表2　4个层面的限制

层面	限制范围	头寸单位上限
1	单个市场	4
2	高度关联的多个市场	6
3	松散关联的多个市场	10
4	单个方向（多头或空头）	12

单个市场：每个市场中的头寸单位不得超过4个。

高度关联的多个市场：在紧密关联的市场中，我们在某一个方向上的头寸单位不得超过6个（也就是说，空头单位最多6个，多头单位也最多6个）。高度关联的市场组合包括：民用燃料油与原油、黄金和白银、所有外汇，以及像短期国债和欧洲美元这样的利率类期货等。

松散关联的多个市场：对松散关联的市场来说，我们在某一个方向上的头寸单位不得超过10个。松散关联的市场包括黄金与铜、白银与铜，以及海龟们因为法定头寸限制而无法交易的许多谷类组合。

单个方向（多头或空头）：任何一个方向上的总头寸单位都不得超过12个。因此，一个海龟从理论上说可以同时持有12个空头单位和12个多头单位。

海龟们用“满仓”这个词来表示他们已经达到了某个层面的头寸规模上限。因此，日元满仓是指已经持有4个单位的日元合约，完全满仓是指某个方向上的头寸单位已经达到12个，诸如此类。

调整交易规模

有时候，市场会连续许多个月没有趋势出现。在这种情况下，你的账户净值有可能遭受巨大的损失。

而在一次次大捷之后，你可能想扩大账户规模，进而扩大头寸规模。

海龟们的账户并不是那种在初始净值的基础上逐笔结算的普通账户。我们拿到的是名义账户，规模是指定的，初始净值为零。例如，当我们在 1983 年 2 月刚刚开始实战时，许多海龟拿到的是一个 100 万美元的名义账户。账户规模每年年初调整一次。上调还是下调要看里奇对交易者的评价。调整幅度一般与这个账户上一年度的盈亏状况紧密相关。

每当我们损失了初始账户金额的 10% 时，里奇都会把我们的账户规模缩减 20%。这样，如果我们的 100 万美元初始账户金额损失了 10%，也就是 10 万美元，我们的账户金额将会下调到 80 万美元，直到账户净值恢复到年初的水平。如果我们又一次损失了 10%（80 万美元的 10%，也就是 8 万美元，这样总损失达到了 18 万美元），我们就得把账户金额再压缩 20%，这样账户金额就只剩下 64 万美元。

根据盈亏状况调整账户金额可能还有更好的方法。以上只是海龟们的方法。

入市策略

交易者大多从入市信号的角度来评判一个特定的交易系统。他们相信，入市策略对一个交易系统来说是最重要的环节。

所以他们可能想不到，海龟们使用的是一个以唐奇安趋势系统为基础的非常简单的入市系统。

海龟们使用两个有所差异但也彼此相关的入市系统，我们称为系统 1 和系统 2。我们可以自由决定如何在这两个系统之间分配资金。有的海龟只用系统 2，有的在两个系统上各投入 50% 的资金，还有的采用其他组合形式。这两个系统分别是：

系统 1：以 20 日突破为基础的短期系统

系统 2：以 55 日突破为基础的长期系统

突破

突破是指价格超越过去一定时期内的最高点或最低点。所以，20 日突破就是指价格超越过去 20 天内的最高点或最低点。

海龟们总是在突破发生时立即入市交易，不会等当日收盘或次日开盘。在跳空开盘的情况下，假如开盘价已经跳过了突破价，海龟们就在开盘时入市。

系统 1 入市法则

只要价格突破 20 日最高或最低点一个最小单位，海龟们就马上行动。如果价格超越 20 日最高点，海龟们就买入 1 个头寸单位，开始做多；如果价格跌破 20 日最低点，海龟们就卖出 1 个头寸单位，开始做空。

但是，假如上一次突破是一次盈利型突破（也就是可以带来一次盈利的交易），那么系统 1 的当前入市信号将被忽略。注意：对这一法则来说，上一次突破就是指市场的上一次实际突破，而不管交易者当时是采取了突破交易还是根据这一法则忽略了那次突破。那么什么是亏损型突破呢？如果突破日之后的价格在头寸有机会退出获利（根据 10 日突破退出法则）之前发生了 2N 幅度的不利变动，这就被视为一次亏损型突破。

对这一法则来说，上一次突破的方向并不重要。因此，无论上一次突破是向上突破还是向下突破，只要是亏损型突破，目前的新突破（无论是向上还是向下突破）就会被视为有效的入市信号。

不过，如果一次突破因为这条法则而被忽略，那么交易者将在

55 日突破点入市，这是为了避免错过重大趋势。这个 55 日突破点被视为一个保障性突破点。

在任何时候，如果一个交易者处于离场等待的状态，那么总有某个价位能引发空头入市信号，也总有某个更高的价位能引发多头入市信号。如果上一次突破是亏损型的，那么新突破点（也就是 20 日突破点）将更接近当前价格；如果上一次突破是盈利型的，那么新突破点可能离当前价格远得多，因为那有可能是个 55 日突破点。

系统 2 入市法则

只要价格突破 55 日最高或最低点一个最小单位，我们就入市。如果价格超越 55 日最高点，海龟们就买入 1 个头寸单位，开始做多；如果价格跌破 55 日最低点，海龟们就卖出 1 个头寸单位，开始做空。

对系统 2 来说，所有突破都被视为有效信号，无论上一次突破是亏损型的还是盈利型的。

逐步建仓

海龟们首先在突破点建立 1 个单位的头寸，然后按 1/2N 的价格间隔一步步扩大头寸。这个 1/2N 的间隔以上一份定单的实际成交价格为基础。所以，如果最初的突破交易发生了 1/2N 的成交价偏差，那么新定单的价格将与突破点相差 1N，也就是最初 1/2N 的偏差加上 1/2N 的标准间隔。

这个过程将继续下去，一直到头寸规模达到上限。如果市场足够活跃，我们有可能在一天内加满 4 个头寸单位。

请看下面的例子：

黄金

N=2.50

55 日突破价 =310.00

第一个单位：310.00

第二个单位：310.00+1/2 × 2.5=311.25

第三个单位：311.25+1/2 × 2.5=312.50

第四个单位：312.50+1/2 × 2.5=313.75

原油

N=1.20

55 日突破价 =28.30

第一个单位：28.30

第二个单位：28.30+1/2 × 1.20=28.90

第三个单位：28.90+1/2 × 1.20=29.50

第四个单位：29.50+1/2 × 1.20=30.10

统一性

里奇要求海龟们坚定不移地遵守入市信号，因为一整年的大部分利润很有可能就来自两三次大的盈利交易。哪怕你只忽略或错过了一个信号，这一年的回报率也可能大打折扣。

表现最好的海龟都是入市法则的坚定信徒。表现最差的海龟和那些被淘汰出局的人都不能始终如一地坚持执行法则。

止损

交易行业里有这么一句话："有老交易者，也有不怕死的交易者，但是没有不怕死的老交易者。"不设置止损点的交易者十有八九会破产。海龟们一定会设置止损点。

面对一个亏损的头寸，你可以坚守阵地，寄希望于失而复得，也可以割肉退出，承认这次交易不成功。对大多数人来说，前者远比后者要容易。

我可以明明白白地告诉你：执行系统法则的命令，退出亏损的头寸是一个生死攸关的要点。不懂甩掉损失的交易者很长时间都不会成功。包括巴林银行和长期资本管理公司的灾难在内，几乎所有失去控制的致命交易行为都与不能防微杜渐、及时控制损失有关。

要控制损失，最重要的一件事就是在入市之前确定退出的标准。一旦价格到达了你的止损点，你必须退出——坚定不移、无一例外。犹豫和动摇终将酿成灾难。

注意：读者也许会注意到，这里的观点与我在第十章的说法有所不同。在第十章，我曾说加入止损点有时候对系统不利，因此并不一定有必要。但是，之前所说的那些表现良好的系统看似没有止损点，实际上却有一种内在的止损机制，因为当价格向不利的方向持续变化时，移动平均线早晚会交叉，损失水平终会受到限制。因此从某种意义上说，系统中有一个止损点，只不过交易者看不到它或不知道它罢了。不过，对大多数交易者来说，有一个明确的止损退出点可以在心理上更容易接受。对新手来说尤其如此。目睹头寸日益萎缩却一眼看不到苦日子的尽头，这对交易者来说是一种心理上的折磨。

海龟止损点

海龟们会使用止损点，但这并不意味着我们真的会向经纪人下止损单。

由于海龟们手中的头寸规模非常庞大，我们不愿意下止损单，因为这有可能暴露我们的头寸状况或交易策略。我们会事先确定一个特定的止损价位，当市场达到这个价位时，我们将通过限价定单或市价定单来退出我们的头寸。

这些止损价位就是雷打不动的退出点。只要市场到达止损价位，我们就毫不迟疑地坚决退出。

止损点

海龟们根据头寸风险来设定止损点。任何一笔交易的风险程度都不得超过 2%。

由于 1N 的价格变动代表着账户净值的 1%，在 2% 的风险限制下，价格变动的上限就是 2N。海龟们的止损点就是 2N：对多头头寸来说，止损价比入市价低 2N；对空头头寸来说，止损价比入市价高 2N。

为了把整体头寸风险控制在最低水平，如果我们（按 1/2N 的价格间隔）后续补充了头寸单位，那么之前头寸单位的止损点将相应地调整 1/2N。一般来说，这意味着整个头寸的止损点将与最新添加的头寸单位相距 2N 的距离。不过，如果头寸补充的价格间隔因为市场变化过快或开盘跳空等情况而大于 1/2N，那么止损点也会有所变化。

下面是一个例子：

原油

N=1.20

55 日突破价 =28.30

	入市价	止损价
第一个单位	28.30	25.90

	入市价	止损价
第一个单位	28.30	26.50

第二个单位	28.90	26.50

	入市价	止损价
第一个单位	28.30	27.10
第二个单位	28.90	27.10
第三个单位	29.50	27.10

	入市价	止损价
第一个单位	28.30	27.70
第二个单位	28.90	27.70
第三个单位	29.50	27.70
第四个单位	30.10	27.70

假如第四个单位因为市场跳空高开在每股 30.80 美元成交，那么结果将变为：

	入市价	止损价
第一个单位	28.30	27.70
第二个单位	28.90	27.70
第三个单位	29.50	27.70
第四个单位	30.80	28.40

备选止损策略：双重损失

海龟们也学习了另外一种叫作双重损失的止损策略。这种策略可以实现更高的利润率，但更难执行，因为它所造成的损失要比一般策略多得多，胜负比率会大大降低。

在双重损失策略下，每一笔交易的风险上限不是 2%，而是 0.5%。也就是说，价格波动的上限是 1/2N。在一个头寸单位止损退出后，交易者将在价格恢复到最初的入市价时重新建立这个单位。有几个海龟很成功地运用了这种策略。

双重损失策略还有一个好处：它不需要随着新头寸单位的补充而调整之前单位的止损点，因为我们最多只能有 4 个单位，总风险水平不可能超过 2%。

比如，如果采用双重损失策略，那么上述原油交易将变成下面的样子：

原油

N=1.20

55 日突破价 =28.30

	入市价	止损价
第一个单位	28.30	27.70

	入市价	止损价
第一个单位	28.30	27.70
第二个单位	28.90	28.30

	入市价	止损价
第一个单位	28.30	27.70
第二个单位	28.90	28.30
第三个单位	29.50	28.90

	入市价	止损价
第一个单位	28.30	27.70
第二个单位	28.90	28.30
第三个单位	29.50	28.90
第四个单位	30.10	29.50

海龟止损策略的优势

由于海龟止损点以 N 为基础，它们与市场的波动性息息相关。更具波动性的市场有更大的止损范围，但每个头寸单位的合约数量也相对较少。这便统一了所有交易的风险水平，加强了分散化的效果和风险管理的稳健性。

退出

交易行业里还有一句老话："落袋为安的人永远也不会破产。"但海龟们不会同意这种论调。趋势跟踪者最常犯的错误之一就是过早地退出盈利的头寸，也就是过早地"落袋为安"。

价格永远也不会直上直下，没有波动。因此，要想抓住一次趋势，你必须允许价格偶尔向不利的方向变动。在趋势的初期，这往往意味着 10%~30% 的利润在你眼前化为乌有；在趋势的中期，你或许会眼睁睁地看着 80%~100% 的利润跌去三四成。在这些情况下，放掉包袱、"锁定利润"的诱惑是很强大的。

海龟们知道，盈利的时机足以决定你的成败。

海龟系统在突破点入市，但大多数突破点都不会引发趋势。这意味着海龟们的大多数交易都是亏损的。如果少数盈利的交易赚不到足够多的钱来弥补这些损失，海龟们就会是输家。每一个有效的交易系统都有自己的最佳退出点。

考虑一下海龟交易系统：如果你总是在 1N 的利润水平下退出盈利的交易，却在 2N 的止损点退出亏损的交易，那么你的盈利次数必须是亏损次数的两倍才能做到盈亏平衡。

交易系统的各个组成部分之间有着复杂的关系。因此，如果你不考虑入市点、资金管理和其他因素，你就没法考虑正确的退出策略。

盈利头寸的退出策略是最重要的问题之一，但也是最不受重视的问题之一。然而，它完全可以决定一笔交易的成败。

海龟退出策略

系统 1 采用 10 日突破退出法则：对多头头寸来说，在价格跌破 10 日最低点时退出；对空头头寸来说，在价格超过 10 日最高点时退出。总之，如果价格发生了不利于头寸的 10 日突破，所有头寸单位都要退出。

系统 2 则采用 20 日突破退出法则：对多头头寸来说，在价格跌破 20 日最低点时退出；对空头头寸来说，在价格超过 20 日最高点时退出。只要价格发生了不利于头寸的 20 日突破，所有头寸单位就都要退出。

就像入市策略一样，海龟们一般不会通过止损单退出，而是会紧密观察市场的动向，在价格达到退出突破点时马上下单退出。

退出不易

对大多数交易者来说，退出策略可能是整个海龟交易系统中最难忍受的环节。你必须等待市场创下 10 日或 20 日新低时才能退出，这往往意味着目睹 20%、40% 甚至 100% 的巨额利润瞬间蒸发。

所以，交易者总有一种提早退出的强烈冲动。你需要极强的纪律性才能坚守阵地，忍受利润的蒸发，直到抓住真正的大趋势。在大的盈利交易中遵守纪律和法则就是经验丰富的成功交易者的标志。

战术

著名建筑师密斯·凡德罗在谈到建筑设计时曾说过这样一句话："细节就是上帝。"对交易系统来说同样如此。在使用海龟交易法则的过程中，有些重要的细节对你的盈利水平有举足轻重的影响。

下单

前面说过，理查德·丹尼斯和比尔·埃克哈特建议海龟们不要使用止损单，而是应该随时观察市场动向，在价格到达止损点的时候再行动。他们还告诉我们，限价定单总的来说要强于市价定单。

比起市价定单，限价定单更容易以更有利的价格成交，成交价偏差也要小一些。

任何时候的任何市场都有买入价和卖出价这两个报价。买入价就是买家们愿意接受的买价，卖出价就是卖家们愿意接受的卖价。只要买入价超过卖出价,交易就会发生。如果市场的成交量足够大，市价定单就总能在买入价或卖出价成交，不过大定单的成交价有时候也会有一些偏差。

一般来说，市场总会发生一定幅度的相对随机性波动，这有时候被称为反弹。之所以使用限价定单，就是为了把价格定在反弹区域的底端，而不是简简单单地接受当前的市价。一个小的限价定单不会触动市场，即使定单较大，它对市场的触动也小于市价定单。

确定限价定单的最佳定价是需要一定技巧的。不过，只要多做练习，你完全能学会用接近市价的限价定单获得比市价定单更好的成交价。

急变市场

有时候，市场变化速度太快，顷刻之间就会跳过你的定单价。如果你用的是限价定单，你根本没机会成交。在这类急变市场中，每份合约的价值可能在短短几分钟之内涨跌数千美元之多。

在这种情况下，海龟们的原则是保持冷静，等市场稳定下来再做打算。但大多数新手都很难做到这一点。他们会惊慌失措，手忙脚乱地发出市价定单。他们十有八九是在最差的时机下单的，到头来，他们的成交价是一天内最差的价格，不是最高点就是最低点。

在一个急变市场中，流动性会暂时固定。如果市场露出急变的迹象，卖家会停手观望，等待价格继续上涨，而且在飙升趋势停止之前不会再卖。这样一来，卖出价会急剧上升，而且买卖价差会有所扩大。

随着卖家不断抬高要价，买家也被迫抬高出价，于是价格上涨越来越快，最终引来更多的卖家。随着卖家越来越多，价格会平稳下来，往往还会快速逆转，大幅回调。

到头来，市价定单的成交点通常就是上行趋势的最高点，也就是市场开始停止上涨，趋于稳定的时候。

在这类情况下，海龟们会一直等到市场出现逆转迹象（至少是暂时逆转）的时候再行动，这时候的成交价通常要比市价定单的成交价好得多。如果市场趋于稳定后的价格已经超过我们最初的止损价，我们会退出市场，但不会惊慌失措。

同步入市信号

在很多时候，市场非常平稳、波澜不惊，所以海龟们除了监控手头的头寸之外基本上无事可做，有可能在很长一段时间没有任何动作。有的时候也会有点儿忙碌，几个小时内陆陆续续地出现多个信号，我们会按部就班地行动，直到达到相应市场的头寸上限。

但也有的时候，似乎所有事情都在同一时间发生，我们个个忙得昏天黑地，在一两天之内就从两手空空变成了满仓。而且相互关联的市场常常会同时发出信号，令疯狂的节奏变得更加疯狂。

如果各个市场一开盘就跳空越过了入市信号,那就更不用说了。你可能在同一天内看到原油、民用燃料油和无铅汽油市场的跳空开盘入市信号。对期货合约来说，同一个市场的多个不同月份的合约同时出现信号也是很常见的事。在这种情况下，你必须高效、快速地行动，而且不能惊慌，不能乱下市价定单，否则你的交易质量必然会大打折扣。

买强卖弱

如果多个信号在同一时间出现，我们会在同一类市场中选择最强势的市场买入，选择最弱势的市场卖空。

另外，我们在同一时间只会选择一个月的合约，而且只会建立一个头寸单位。比如，我们不会同时买入2月、3月和4月的民用燃料油合约，而是会选择最强势而且有足够高成交量和流动性的合约。

这一点极其重要。在同一类相互关联的市场中，最好的多头交易都存在于最强势的市场中（这些市场的表现几乎必然强于较弱的同类市场）。同样，最好的空头交易都存在于最弱势的市场中。

海龟们用多种不同的衡量标准来判断市场的强弱。最简单也最常用的一种方法就是看图表，根据视觉判断来选出"看起来"更强（或更弱）的市场。

有些海龟的衡量标准是N：他们会比较各个市场自发生突破之后已经变化了多少个N，然后在变化幅度最大（以N来衡量）的市场中买入。还有一些海龟把不同市场的变化标准化了：他们用当前价格减去3个月之前的价格，然后再除以N。值最高的就是最强的市场，值最低的就是最弱的市场。

这些方法都很有效。总而言之，要点在于在最强的市场上做多，在最弱的市场上做空。

合约滚动

当一期合约到期时，你在转向后期新合约之前需要注意两个因素。

首先，在很多时候，近期的合约虽然有很好的趋势，但较远期的合约并没有表现出同样的势头。除非新合约的趋势同样符合你的要求，否则不要向新合约滚动。

其次，你必须赶在现有合约的成交量和未平仓量大幅萎缩之前滚向新合约。什么叫“大幅萎缩”？这要看头寸单位有多大。一般来说，海龟们会在合约到期之前几个星期将现有头寸滚向后期新合约，除非现有合约的表现远好于后期的新合约。

结束语

以上就是海龟交易系统的全套法则。你可能会觉得它们并没有多么复杂。

但是，单单知道这些法则是没有用的，你必须有遵守这些法则的能力。

想想理查德·丹尼斯的话：“我说过很多次，你可以把我们的交易法则登在报纸上,但没人会遵守它们。关键是统一性和纪律性。几乎每个人都可以列出一串法则,而且不比我们的那些法则差多少,但不是每个人都能给别人信心。唯有对法则充满信心，你才会坚持它们，即使在遭遇逆境时也是一样。”

海龟们的表现也许就是对这段话的最好诠释：有许多海龟并没有赚钱。这不是因为海龟交易法则无效，而是因为他们不能也没有遵守这些法则。

海龟法则是很难坚持的，因为它们以捕捉相对罕见的大趋势为基础。正因为大趋势难得一见，所以你在迎来盈利期之前可能要等上好多个月，有时候甚至是一两年。在漫长的等待中，你很容易对海龟系统产生怀疑，忍无可忍地放弃这个系统。你会想：如果这些法则不再有效了怎么办？如果市场已经变了怎么办？如果这些法则有重要的疏漏怎么办？我怎么知道这个系统一定有效？

有个不到一年就被淘汰的首期海龟班成员一开始就怀疑里奇有意对全班成员隐瞒某些信息，最终，他开始相信里奇有一些不会透露的秘诀。这个海龟不敢勇敢地面对一个简单的事实：他的糟糕表现完全是他的疑心和没有安全感造成的，正是这些心理因素导致他无法遵守我们的法则。

改变法则的冲动也是一个问题。有很多海龟对我们的法则做了一些轻微的调整，说是为了降低交易的风险，但效果往往适得其反。下面就是一个例子。

有时候，交易者建立头寸不像法则规定的那样快（每隔 1/2N 建立一个单位）。这听起来似乎是一种更为保守的方法，但实际上并非如此。对海龟们所使用的入市系统来说，如果头寸补充较慢，市场的回调就更容易触及止损退出点，造成意外损失。而快速行动可以让你的头寸安然度过市场回调，避免触发止损机制。在特定市场状况下，这种微小的变化足以对系统的利润率产生重大的影响。

要想坚持一个交易系统的法则，建立对系统的信心是非常重要的。无论是海龟系统，与其类似的系统还是其他完全不同的系统，你必须亲自用历史交易数据检验你的系统。别人说一个系统有效是没用的，其他人的研究结果也不代表什么。你必须自己完成这个任务。

用点儿心思，亲力亲为。研究一下交易记录，看看每日净值报告，把系统的交易方式、损失的程度和频率背得滚瓜烂熟。

如果你知道过去的 20 年中曾有过很多旷日持久的亏损期，你就更容易忍受一个历时 8 个月的亏损期。如果你知道快速补充头寸是系统盈利的一个关键环节，你就更容易遵守法则、快速行动。

致 谢

这么多年来，尽管我与之打过交道的几乎每一个人都让我学有所获，但谈到对《海龟交易法则》这本书的贡献，有几个人我还是想致以特别的谢意。

第一，我想衷心地感谢理查德·丹尼斯，是他大胆提出并实践了海龟理念。我也感谢他在我 19 岁的时候就对我和我的能力充满信心。理查德是当今最伟大的交易者之一,也是最有勇气的人之一。他是一个细心、正直、真诚的人。我为曾经师从于他感到骄傲。

第二，我想感谢罗奇·巴克，我的第一个交易导师。他把我带到他的家里对我进行悉心指导，不为别的，只因为他相信我。他是一个真正的精英，一个非常慷慨、正直的人，也是一名杰出的交易者。我的价值观有很多来自他，最重要的一条是：所有成功人士的成功都得益于其他人的帮助。我希望用我的一生来印证这种精神。

第三，我想感谢乔治·阿恩特，早在“17 岁的孩子也能编写电脑程序”成为众人皆知的事实之前，他就有了这种疯狂的念头。但最重要的是，是他向我表达了他对交易世界的一腔激情，说服我投到理查德·丹尼斯的门下。

这三个人帮助我走上了通向海龟传奇的道路。没有这条路，也就不会有这本书。除了他们,还有许多人对这本书的问世功不可没。

为了给我的编辑发一份像模像样的稿子，我的好朋友戴利亚·阿尔－奥斯曼把我那乏味的文字好好润色了一番。每当我感到灰心丧气时，她总会陪在我的身边帮助我、鼓励我。谢谢你，戴利亚。

与我的编辑珍妮·格拉瑟共事是一种巨大的乐趣。她对书稿最终成型功不可没。故事因她而精彩，文字因她而生辉。没有她的指导和纠正，本书不可能完成。谢谢你，珍妮。

蒂姆·阿诺德是我多年的老朋友和生意伙伴，这个家伙现在掌管着 Trading Blox 有限公司——我几年前创建的一家交易软件公司。写这本书占用了我本应投入这个公司的许多时间。我在过去的半年里全心写作，工作上漏洞颇多，是蒂姆耐心地帮我填补了漏洞。没有蒂姆的帮助，写这本书是不可能的。谢谢你，蒂姆。

世界上没有几个人能像马克·约翰逊这样勤于思考交易问题，乐于分享交易知识。马克现在经营着 MGJ 资本管理有限公司。在过去的几年中，他为网上交流团体和论坛贡献了数不清的文章，给了我莫大的启发。我的许多思想转变源自马克的理念，正是他的理念让我质疑我过去的做法。我创建回归年度回报率和 R 立方指标的灵感也来自马克。他几年前发布的 PGO 系统更是为 ATR 通道突破系统奠定了基础。马克还花时间看了本书的手稿，给了我重要、详细的反馈，包括指出我所做的某些假设也许对交易新手来说不太容易理解。本书因为他的建议而改善了很多。谢谢你，马克。

几年前，汤姆·罗林杰来找我，向我咨询如何进行交易的问题。他立志成为伟大交易者的坚定决心给我留下了深刻的印象。他的决心就是我时隔 15 年重返交易世界的动力。如果他没有来找我，也不会有今天的这本书。谢谢你，汤姆。

我还要感谢每一个花时间阅读了我的早期手稿并诚实反馈的人：交易者兼作家布雷特·斯蒂恩博格，他在 traderfeed.blogspot.com 上有一个交易博客；迈克·泰勒，他的博客在 taylortree.com 上；戴维·布罗姆利，他经营着交易培训公司 Modus Trading；还有约翰·诺特、安东尼·加纳和珍妮弗·斯科菲尔德。

最后，我想感谢把我推荐给麦格劳-希尔出版社的范·撒普和梅利塔·亨特。特别是范，他在百忙之中抽空看了我的书，给了我坦率的反馈，还为我写了一篇很棒的序言。这对我太重要了。谢谢你们，范和梅利塔。